# 起造
# 台灣政府
# 芻議

李界木——著

# 起造台灣政府芻議

　　本文係承蒙「台灣建國正名制憲國際線上研討會」先進們的鼓勵，將發表過的 power point 檔案，加以整理成冊。

　　本文期待「請大家告訴大家」，讓大家一齊來，起造台灣大家庭：台灣新政府。

# 建國正名制憲國際線上研討會
# 會長　江文基序

2020 年台灣總統大選，蔡英文成功連任，隨之而來是中共更肆無忌憚的國際打壓及武力恫嚇，卻也喚起更多海內外鄉親對「建國正名制憲」的關注。同年 8 月，由來自全球各地台灣人菁英共同跨國界參與、每兩週舉行一次的「建國正名制憲國際線上研討會」正式啟動，圖能凝聚海內外力量，共同推動建國正名與制憲運動。

忝任「建國正名制憲國際研討會」發起人，而與界木兄熟識、相交。座談會自 2020 年 8 月發起迄今，已舉辦了二十多場，李界木博士前後共發表九次「建立新政府」的專題演講，分別從政治體制、國防與外交策略、經貿政策、福利制度、教育文化及司法改革等諸多面向，鉅細靡遺地勾勒出起造台灣新政府的藍圖。如今界木兄意將參與研討的內容，更完備地彙整成《起造台灣政府芻議》一書，身為此一研討會的發起人，必然義無反顧為文推薦。

界木兄的博學是我最欽佩之處，除了所學專業的環境科學外，在人權、社會福利、經濟貿易及國際形勢領域，都有

其獨到的見解。譬如他認為台灣是太平洋和亞洲大陸二大勢力的緩衝地，在國際上必須「一隻手拿著橄欖枝，一隻手持著機關槍」，向全世界傳遞和平訊息，也要堅實國防實力維持自主與自尊。又如，他長久觀察台灣的經貿發展，認為台灣未來的全球布局準則應是「為先進國加工，為後進國製造」。

誠然，在《起造台灣政府芻議》書中關於新政府的眾多規劃，並非全濫觴於界木兄。不同的是，界木兄曾赴海外深造、曾在政府為官，他深知在制度面許多政策推行的窒礙之處，也明白官僚體制叢生的各種弊病。所以他在書中的論述，可說是理論基礎結合執行經驗，套句流行話，是要比純理論的學者多些「人間煙火」。

此外，界木兄曾擔任世台會會長，早在 1960 年代就參與台灣獨立運動，迄今五十餘年仍堅持不懈，也是讓我最為尊敬之處。這亦使我想起 1964 年 9 月，時任台大政治系教授的彭明敏與他的學生魏廷朝、謝聰敏所發表的《台灣自救運動宣言》（A Declaration of Formosan Self-salvation）。當時這份宣言雖只是私下印製流傳，卻是日後許多台灣民主運動人士的思想啟蒙。

《台灣自救運動宣言》中明確指出，蔣介石的「反攻大陸」政策不可能會實現，並提出「一個中國、一個台灣」及「重新制憲」的主張，認為台灣有能力建立一個新的國家。

時隔 57 年，事實證明台灣社會早已不存在「反攻大陸」一詞，當年以反共為神主牌的國民黨，如今彷彿成了中共的同路人。而宣言中接下來的建國目標，就待我輩有志之士共同努力，為下一代台灣人尋找新出路，這也是「建國正名制憲國際研討會」推行的宗旨。

2020 年 8 月於溫哥華　江文基

# 建國正名制憲國際線上研討會
# 執行長　周昭亮序

　　李界木兄是一位我非常敬佩的人，做事認真、務實、有科學條理，而且熱愛台灣。

　　我於 2000 年開始經營西雅圖／波特蘭地區發行的周報《華聲報》，2009 年間，李界木寫電傳給我，說他有寫大西雅圖地區各線公共汽車行走路線、特色及功能的中文解說文章，詢問《華聲報》願不願刊登。我看了他送來的前幾篇文章，覺得不錯，就開始刊登了。他的文章源源不斷，連載了一兩年，住在大西雅圖地區的讀者很受惠。

　　2016 年，蔡英文在激烈競爭中贏得總統選舉，民主進步黨也在立法院重新拿回多數，許多台灣人對司法改革、制憲、中國國民黨黨產處置、228 受難者平反等議題熱衷期待。經過了幾年的努力，改革的腳步卻好像越走越慢，人民失望之聲，在報章、在平時閒談中時有所聞。

　　有一部分的人更改了看法，開始認同執政的民進黨高層的說法，認為現在只以「反中（共國）、反中國國民黨、確保民進黨長期執政」為方針，認為現在還不是急著正名制憲

建立台灣國的時候，雖然這些人心中還是存有台灣要獨立建國的模糊期待。

另有一部分人，包括我，認為現在執政的民進黨政權對走向獨立建國的抗拒，是不應該的，是對於原先台灣人賦予執政目的的背叛，是錯失正名制憲建國大好時機的錯誤決策。「台灣國際正名制憲建國線上研討會」也就這樣因應而生。

我們這個研討會於 2020 年 7 月成立，參與者包括世界各地許多贊同並願推廣台灣正名制憲建國的有志之士；每兩個星期一次在線上集會討論，請一兩位講者提出看法，然後大家一起研究討論完成建國的方法；每期研討會後，都把相關內容透過油管（Youtube）方式傳播，讓有興趣的人觀看思考。

## 點出執政盲點，提供解決之道

李界木博士從研討會第 14 期（2021 年 3 月 8 日）開始，以「建立台灣新政府」為總標題，指出他多年來觀察台灣執政盲點及不能進步的癥結，並提供解決之道。舉凡外交、國防、軍事、三權分立、經濟、財政、教育、文化、本土、人文、農林、司法、國家定位等等，一共連續講了九講，每一講都分析得條理清澈，讓人眼睛一亮，豁然開朗。

他在第一講中就如此提到（台灣建國綱要）：

獨立運動有兩大課題，不但要在國際上變成一個獨立自
主的國家，同時在國內，還要建立一個民主、公平、合
理的幸福社會。

獨要建立公民型民族主義國家，不是族裔性民族主義國
家。建國可以妥協，而主權獨立不能妥協。

由此，我們可以看出他對台灣獨立的基本堅持，也看出
他能務實的指出人民期望的新政府應是如何地一一落實與改
正。

我們很高興李界木兄這一系列苦心思考的新政府方略集
將很快地與讀者見面。台灣新政府的建立，新思維的落實，
我為人人、人人為我的新社會、新秩序的建立，這本「計畫
書」將會帶給迷惘的台灣人希望，像一盞明燈，讓追求新國
家、新制度的勇敢台灣人民從中得到啟發，得到靈感，得到
勇氣，從而穩健的走出一條讓政府有能、人民有權的幸福國
度。

我，與所有期望台灣成為公義新國家的夥伴們熱烈地一
齊期盼，一起努力！

推薦序三

# 建國正名制憲國際線上研討會 成員　Sophia Sachiko Chang序

The people of Taiwan are responsible for defending their territory. Be your own master, Taiwanese people should declare decolonization. Don't blame others for looking down on your cowardice. You don't stand up yourself and no one will support you either. To become a normalized country, you must show determination.

Under the Chinese colonial ruling, it has been over 70 years. It is time to change. Taiwanese people are colonized by the Republic of China regime in exile. The Republic of "China" is China and it's originally from mainland China. According to international law, the China-Japan Peace Treaty only reiterated that Japan had renounced all rights and the territorial claims of Taiwan and Penghu in Article 2 of the San Francisco Peace Treaty, and did not specify Taiwan's ownership. Since the San Francisco Peace Treaty came into effect in 1952, Taiwan has ceased to be Japanese territory, neither the Republic of China nor the People's Republic of China has obtained any legal basis for Taiwan, and Taiwan's legal status has become undetermined.

Dr. James Lee (李界木博士) is knowledgeable, professional, intelligent, and gentleman talk. He has clear thoughts and the strategies have directions. Help Taiwanese people establish a new government. I definitely recommend a very helpful guidebook.

**Sophia Sachiko Chang, Toronto**
August/2021

# 建國正名制憲國際線上研討會
# 成員　劉重義序

## 展望新閣獨立的國家

　　好友李界木兄應邀請在「台灣建國正名制憲國際線上研討會」，發表伊對起造未來眞正台灣人國家的思考和實際具體的規劃構想。因爲政府結構和體制運作所牽涉的層面本來著相當大，需要創作和議論的事務當然眞濟。伊分九擺演講，因爲時間的限制每擺攏講袜息，害我逐擺研討會主持人要求我做評論之時，我攏講無路來。所以，我一直建議伊將所有的資料，匯集做一本冊，予人較容易對伊的想法和規劃會當有較完整的瞭解和參考。

　　界木兄有天文地理和環境生態的專業背景，閣長期在政府機構有實質的行政經驗，而且嘛是眞早期著參與台灣民族獨立運動。伊和我在華府有長時間眞密切作伙推動台獨工作，展現伊自己是一個腳踏實地，有眞強的構想規劃和執行能力的人才。追求台灣民族獨立建國一直是阮兩人共同的向望。

　　台灣民族獨立運動本質上是一場台灣人追求獨立建國的民族解放運動。這個運動有二項著同時進行的革命工程：一項是推翻外來赤藍權貴非法建構的假「支那民國」民族壓迫體制；另外一項是提升台灣人的現代公民素養。這兩項革命工程，著是要促成台灣人的出頭天，通建設台灣社會成做一個新閣獨立的現代優質國家。

　　這本《起造台灣政府芻議》，基本上已經牽涉建國階段的理念，不但可以予台灣人對未來自己期待的國家有較具體的願景，嘛相對地暴露當前假「支那民國」體制的外來性和落伍性，堅定咱台灣人的意志，廢除這個非法閣無正當性的外來落伍體制；另外，透過這本冊提出一個進步、合理閣有效率的台灣政府，嘛會當引導台灣人認識現代國家正常運作下的民權本質，對提升現代公民素質會有幫助。

　　針對台灣前途問題，界木兄主張：金門、馬祖的歸屬由當地住民自決。這是正確的台灣民族立場。三冬前，有一位研究金門、馬祖問題的法國博士生，曾經來台灣訪問我對金門、馬祖前途的立場，我當時予伊的回答著是現在界木兄在這本冊表示的立場。彼位法國學生為著完成博士論文，有先去金門住將近四月日，伊講過去金門、馬祖的住民攏較反對台灣獨立，其中真重要的原因是：有欠缺尊重普世人權價值的台灣人，常常自私地表示，台灣應該將金門、馬祖還予支那。

不如過，我對界木兄講：「《台灣關係法》雖然是美國國內法，但以被公認的國際法為根基，先根據《台灣關係法》建立的台灣政府，才有可能使國家正常化，加入國際社會。」我認為是無必要地引進建國理念的困擾。因為，以咱目前可預見的國際情勢發展，台灣獨立後一定是繼續和美國、日本徛全陣營，總是，台灣獨立後政府的建立，或是目前被假「支那民國」綁架的台灣社會的正常化，事實上攏和《台灣關係法》並無法理上的相關性或受牽制。

這本冊的內容有真濟所在，超出我較認真的知識範圍，我唔敢大主大意講尚濟。總是，我相信台灣有真濟專業人才可以就恁每一人的專長去做批判或修正，予台灣新政府的制度和運作會當閣較完備。按呢，應該是界木兄對台灣前途的一項大貢獻。

台灣民族同盟總召　**劉重義** 博士

2021 年 9 月初 9

推薦序五

# 建國正名制憲國際線上研討會
# 成員　蔡明峯序

　　李界木先生是我敬佩的台獨老將，他早在 1960 年代就投入台獨運動。他在美國格林威治大學獲得環境科學博士，曾任世界環保聯盟理事長、世界台灣同鄉會會長。民進黨執政期間，李界木放棄美國籍，回到母國台灣做貢獻，出任了新竹科學園區管理局長，歷時五年多，對科技園區的發展做出重大貢獻，當時連台灣《今周刊》這樣的媒體都報導稱譽他的敬業和耿直個性等，後因國民黨政治迫害阿扁，在龍潭購地案中也被牽連入獄。

　　他出獄後於 2014 年寫成《鐵籠裡的秘密：公開霸凌人權的監獄真相》一書，把監獄的黑暗面公諸於世。《民報》董事長陳永興以自己擔任精神科醫師經驗為例說，李界木就如同醫師，進了精神病院住一陣子，更能體會當事人身處其境的困苦。該書通過敏銳觀察與筆下功力，刻畫出監獄中不為人知的黑暗，也有人性光輝的一面。

　　現在，李界木兄又將出版他的第二本書，探討我們母國台灣的前途。他的這份愛台愛國之心，令弟感佩！他囑我寫

序，是我的榮幸。

對於台灣前途，我們這些老台獨，有共同夢想和追求。這裡就概括簡言（建言／諫言）幾句，以此爲序：

# 一、台灣面臨70年來險峻內在時局：

1. 內有潛伏第五縱隊及內應台奸。

2. 還有不認同台灣優先價值精神之被黨國時代洗腦的民眾。

3. 還有不思改革保持現狀之守舊政權，甚至可說抱殘守缺，令人極爲失望！

4. 不屬台灣居民、不符民意認同之外來統治者制定的黨國憲法仍在，本質上仍是黨國體制，而不是民有民治民享。

5. 還有國民黨舊勢力遺留的法院、司法、立法、錯亂之思維和行政治理。

6. 仍用全球幾乎所有人民都不予承認的「中華民國」國號，等於給了對岸中國「一中原則」之統戰藉口。

7. 世界各國都清楚並認同：這個世界只有一個中國，就是中華人民共和國，台灣就是台灣；台灣是一個不同於中國（更不隸屬於中國）的獨立國家。

8. 更重要的事實是，70% 以上台灣居民認爲自己是台

灣人，僅有 3% 自認是中國人。

9. 1971 年聯合國 2758 號決議已寫明，由中華人民共和國取代「蔣介石的代表」在聯合國的代表權，該決議案沒有一字提及台灣，更沒有說台灣屬於中國。所以聯合國 2758 號決議等於向世界昭示，台灣之前途命運，由居住在台灣的人民自己決定！但是在台灣，歷任執政黨都不思正名制憲，更別提建立新國家。這些政黨只是要政治權力，沒有為台灣千秋大業考慮，這是政黨的道德腐敗！

## 二、外在潛在危機及險峻因素：

1. 不放棄中華民國國號，就一直會至少在理論上給中國犯台入侵以口實，也是等於承認國共內戰仍沒有完全結束，由此就給台灣的安全造成可能危機。

2. 面臨兵兇戰危，執政當局卻沒有大幅增加軍事預算、加強戰備，更缺乏超前布署全民皆兵的國安國防策略。

3. 沒有把建設台灣主體文化價值精神（包括台語）等作為優先政策考量，缺乏憂患意識，更欠缺長遠戰略思維。

4. 外來中國勢力正加速對台統戰，台灣內部第五縱隊

（紅色力量）正增加分化、滲透、搗亂、洗腦、煽動，這個全面滲透的趨勢更加明顯。

## 三、建立台灣新國家新政府，要有新架構、新精神、新價值，廉能有效率

1. 三權分立，絕對職責自主，學習和效仿歐美政府憲法制度。

2. 正名制憲，人民公投，立法院表決，建立新國家（台灣），由總統提出，邁向國際社會。

3. 台灣國家政黨絕不侵犯中國，一中原則不冠用其中國之名。

4. 台灣尊重世界各國慣用之一中政策，台灣是台灣，中台兩國各不隸屬各不侵擾。

5. 台灣各政黨主席或總統不兼職。黨政分離，避免一人獨裁一黨專制。

6. 台灣政黨及總統任期或可增加，絕不連任，避免任內分神分心而不專心國政。

7. 建構全民皆兵、迅速動員之國防制度，確保決戰境外，同仇敵愾嚇阻外敵，最後境內生死戰。

8. 深化愛台國防意識教育，採用兵民合一、平戰結合、軍民結合之國防動員訓練的科技超限戰模式，強化戰敗即亡國、留島不留人之悲慘共同體命運認知。

9. 設置台灣國土安全部，以推廣心防、社防、國安國防、全民防衛、愛鄉愛台的國家主權主體價值精神，全民培訓。

10. 對天災人禍戰禍，防患應變：戰略物質設備安全多量分散儲備；電力安全、通信安全、網路安全、國人疏散防洞蔽體建置等，都全盤設置，尤其經貿生產交通補給設施等；防諜防奸防變；官員將領效忠宣誓忠誠國家台灣。

11. 與中國及世界各國各族保持友善、互不隸屬互不侵犯、互惠和平對等的多國共同體關係；參與國際外交會商；政治性和談，少接觸少談判少妥協；台灣國人創造自身競爭力、科技民富國強。

12. 參考小國如以色列、瑞士的國防及科技工業；邁向世界先進民主國家之林。

13. 不忘持續台語文化，推行三語教育及多元化，進入世界文明禮儀之邦；世界天下為公之美好境界。

　　以上諸點，作為界木兄探討台灣前途的新書之序文與共鳴，也是對祖國台灣命運思考之拋磚引玉，就教於界木兄及各位台派先進。

台灣海外網董事長　蔡明峯

2021 年 10 月 1 日

## 推薦序六

# 陳唐山序

　　好友李界木，最近將出一本《起造台灣政府芻議》乙書，邀我寫篇推薦序文。我跟他的思維和經驗相似，我們同住華府二十幾年，同在三權分立的美國聯邦政府工作。也在五權憲法的政府工作過。我們的看法和體驗相同，祈望住在命運共同體的台灣人民，過得更幸福、更自由民主、更被世界人民尊重。

　　界木兄是一位有智慧的人，安排的事能做好，沒有安排的事能想到，是一位智多星的人物。過去在華府，做好聯盟華府支部召集人和華府人權協會會長的工作，締造華府台人對台灣民主、人權、自由的奉獻與尊崇。他回台後，擔任新竹科學園區管理局局長，任內開發八個園區（竹南、銅鑼、台中、后里、虎尾、竹北、龍潭和宜蘭），有目共睹，尤其中部科學工業園區最為亮眼，被人嘖嘖稱讚。

　　界木兄這本書給人希望、給人方向、給人力量、給人智慧、給人自信、給人快樂，是一本沒折扣、給人正能量的書籍，值得大家一讀與關注！特予推介。

遠景基金會董事長　陳唐山

2021 年 8 月

推薦序七

# 金門馬祖的自決——
# 序李界木兄大作《起造台灣政府芻議》
# 陳茂雄序

　　界木兄一生從事台獨運動，積極建立正常化的台灣，近日即將出版大作《起造台灣政府芻議》，內容豐富。從國防、外交、司法、政府體制、經濟、社會福利與安全等都有詳細陳述，有獨特見解的內容，尤其是在重劃行政區方面，主張金門馬祖的地位由當地住民自決，與他人的觀點有相當大的差距。民進黨認為金門馬祖是台灣的版圖，中國國民黨則認為是中華民國的疆域，事實上讓住民自決才是最為正確的見解。

　　依國際慣例，對主權的主張有繼承、國際條約、占領的事實等，就是沒有歷史背景這一項，否則蒙古就擁有俄羅斯的主權，因為蒙古統治了俄羅斯有兩個半世紀之久。繼承方面如中華民國繼承大清帝國，中華人民共和國繼承中華民國。國際條約如 1895 年大清帝國將台灣割讓給日本。全世界各地主權的歸屬十之八九都依循占領的事實，因為國際社會還存在叢林法則，拳頭大的就可以擁有主權。

　　探討金門馬祖的地位應該要先瞭解金門馬祖、台灣、中國等地的三角關係。1936 年 5 月 5 日公布的《五五憲草》第 4 條，將中華民國的疆域分成 30 個地區，包含金門馬祖，就是不包括台灣，因為當時台灣屬日本版圖。1947 年元月一日公布的《中華民國憲法》只表示中華民國固有的疆域非經國民大會議決不得變更（第 4 條），也就是依循《五五憲草》所定義的疆域，金門馬祖是中華民國的領土，台灣不是。

　　中國國民黨及中國共產黨都主張依循《開羅宣言》，台灣的主權歸還中國，他們將《開羅宣言》當作國際條約是一種荒謬的笑話，擁有台灣主權的日本沒有參加開羅會議，如何簽訂國際條約？《開羅宣言》只不過是美、英、中三巨頭開完開羅會議後所發表的《聯合公報》而已，絕對沒有國際條約的效力。

　　真正與台灣主權有關的是 1951 年 9 月 8 日由包括日本在內的 49 個國家的代表在美國舊金山的戰爭紀念歌劇院簽訂，並於 1952 年 4 月 28 日正式生效的《舊金山和約》。和約第 2 條聲明日本承認朝鮮獨立，放棄台灣、澎湖、千島群島、庫頁島南部、南沙群島、西沙群島等地之主權。當年中國及蘇聯都沒有參加舊金山會議，日本所放棄的台灣主權，當然歸台灣全體居民。

　　1895 年所簽訂的《馬關條約》，大清帝國所割讓的只是台灣澎湖，1951 年日本所放棄的也是台灣澎湖，都沒有牽

涉到金門馬祖，《中華民國憲法》的疆域則包括金門馬祖，若認同中華人民共和國繼承中華民國，就得承認中華人民共和國擁有金門馬祖的主權，反而台灣與金門馬祖扯不上關係，可是台灣卻有占領的事實，當然可以主張擁有金門馬祖的主權。不過，若是中華人民共和國以武力拿下金門馬祖，也照樣可以宣告擁有金門馬祖的主權。

若認同中華人民共和國繼承中華民國，就得承認中華人民共和國擁有金門馬祖的主權，可是台灣卻有占領的事實，其位階高於繼承。當年蔣介石積極要反攻大陸，需要在大陸附近建立灘頭堡，所以必須占有金門馬祖。今日台灣已沒有人會夢想反攻大陸，未必非有灘頭堡不可，不過已擁有的領土，沒有人會主張放棄，依民主社會尊重人權的精神，應該依循當地居民的意願，決定他們的前途。

政論家　**陳茂雄** 教授
2021 年 8 月

推薦序八

# 陳奕齊序

台灣想望的築就：用熱情驅動，讓理智駕馭。

知曉李界木前輩，是因為李界木前輩從美國黑名單身分，在 2000 年民進黨首次由在野變身為執政而亟需各種政府治理人才之刻，義無反顧地從美國聯邦政府辦理退休，返台進入新政府奉獻服務。至於親身認識前輩，則是因「台獨聯盟」此團體的牽線機緣。

李界木前輩雖是早年海外台獨運動的黑名單，但因為其美國聯邦政府機構數十年的工作經驗，無異是讓界木前輩身上兼具著兩種看似對立的特質：感性熱情為驅策的「獨立運動」，以及由理性務實所駕馭的「政府治理」。正因為界木前輩身上的這兩種特質的配搭，總讓界木前輩身上散發出一種「有著務實思考的台灣國家築就的想望藍圖」的思慮氛圍。在我看來，界木前輩這本《起造台灣政府芻議》，即是此種獨特思慮氛圍下的文字構圖。

事實上，自從 1947 年的 228 事件之後，台灣國家的築就從倡議想望走到今日，已歷經數十載。其間，為了有一把更好的「民主工具」，以作為台灣國家造就的手段利刃，建

國運動者也紛紛把精力投入民主化及其民主深化的運動之中。但由於民主化的主要兌現方式，首先必須以選舉數人頭此一膚淺形式爲展現；一開始，選舉遊戲本該是手段，卻因「勝選」才能掌權的規則框架，也就常餒人地「反客爲主」，讓階段性手段成爲最終目的，而令致許多受到台灣國家想望的熱情所驅策的前輩，內心無比受傷。前輩們的此份心情，是可資理解的；但誠如美國雷根總統喜歡引用的一句美國農民諺語：「當你深陷鱷魚群中，就很容易忘卻當初的目的是爲了抽乾沼澤。」（When you're up to your neck in alligators, it's easy to forget that the initial objective was to drain the swamp.）一般，現實到理想的殘酷距離，不僅常讓人分心，更會讓人忘卻原本的初衷。

然而，李界木前輩此本夾揉著務實治理與理想國度展望所共同繪製出的《起造台灣政府芻議》一書，也就重新提醒了我們：如果過往獨立建國運動的起心動念，是來自於那份對台灣未來國家想望的熱情所驅策的「行動倡議」，那麼踵續其後卻又不得不面對的庸俗「選舉政治」，甚至取得執政權之後的「政府治理」，這三者之間是否可以相互搭配與協力，而非彼此扞格與耽誤呢？！換句話說，當前台灣國家築就的完成，必須將「台灣是台灣人民的國家」以「行動倡議」繼續推廣，同時直面並跨越媚俗殘酷的「選舉政治」之挑戰，然後培養出台灣人自身的「政府治理」想像與能力。

　　如果，所謂的「基進」指的是英國思想家 Raymond Williams 之言：「眞正的『基進』乃是讓希望成爲可能，而非讓絕望成爲可信。」（To be truly radical is to make hope possible rather than despair convincing.）那份上述「三合一」任務的相互協力之期待，正是一份相當「基進」的心情。畢竟，當前台灣國家想望的完成，勢必得在現實基礎上扣問：「這一切的實現，如何而可能？！」

　　用基進的角度觀之，李界木前輩這本《起造台灣政府芻議》一書，所處理的是各種「政府治理」的設想擘劃，背後所凝結的則是台灣國家起造的模樣投射。不論讀者是否同意書中各種「政府治理」方案的繪製，但對基進而言，這本書剛好恰如其分地鑲嵌在基進所設想的，當前台灣國家築就不可或缺的三項任務之一：「政府治理」想像與能力。可以想見，此書定會成爲台灣基進黨員關於「政府治理」想像與能力養成的必備讀本。

台灣基進黨主席　陳奕齊

2021 年 8 月

## 推薦序九

# 劉一德序

這是我第一次幫人寫序。

我自己出過三本書,寫自序,幫人寫則是第一次。

界木兄是台獨運動的名人,也是學有專長的環保科技專家,我在 27、8 歲初次訪美時即認識,之後反而少有機會互動。

讀完這本書,令我最感動的有兩件事:

第一、我所認識的獨派好友,要不是熱衷於「組織」、「運動」,就是寫文縐縐的「理論」、「紀述」或喊「口號」,有「憧憬」的很少。

「憧憬」是對未來的具像化;必須是一個對土地、人民付出長期關愛、研究的人,才能產生「憧憬」。

界木兄這本《起造台灣政府芻議》就是一本「台灣憧憬」,他的用心不言而喻!

第二、除了台灣獨立和憲改設計的想法與台聯相當接近之外,很多著墨於台灣建設的,如「重整行政區」:設八個行政區;如「建立全民國防」,兵民合一、寓兵於民;如「黑潮發電」——台灣的藍金能源……不少是近年來很少政治人

物碰觸的新穎話題（只想有選票、會當選的政治人物，其實對當選後要「做什麼」不大有興趣）。

更巧的是，前述三個主張，台聯在 2019 年總統國會大選前，曾出現在台聯的主文宣裡：行政區重劃（台聯主張：七個省市、四個國家公園）、黑潮發電（台聯主張：台澎大橋計劃之一）、恢復徵兵、建立精兵……。

界木兄對台灣的憧憬，與台聯的憧憬好相像，美麗的台灣！效率的台灣！強大的台灣！

要成為一個真正的國家、民族，除了共同的「命運感」之外，就是要有共同的憧憬！

來吧！讓我們一起讀完它！

台灣團結聯盟黨主席、前國大代表　劉一德

2021 年 9 月 28 日

# 林光義序

「起向高樓撞曉鐘，不信人間耳盡聾。」

　　1949 年流亡來台的蔣介石政權，硬將「中國民國」這塊招牌掛在台灣的門檻上，導致在中國當家作主的共產集權政府硬拗台灣是中國的領土，而糾纏不清。台灣人必須及時覺醒，起造自己的政府，換上自己的名號立足於世界，否則一旦被統一，淪入共產中國的魔掌，將喪失辛苦締造的民主自由的成果，而陷於萬劫不復的境地。

　　李界木博士學貫中西、高瞻遠矚，有鑑於此，乃撰寫這一本《起造台灣政府芻議》的巨著，我仔細研讀了三遍，認為足堪奉為台灣建國的寶典。

　　界木兄是宜蘭高中早我兩屆的學長，1962 年台師大地理系畢業，依規定須服一年預備軍官役，再從事教職滿 5 年才可出國留學。1968 年赴美進修，在明尼蘇達大學（University of Minnesota）獲區域計畫碩士，修畢博士學位課程，再攻讀環境科學博士，應聘到該大學都市及區域研究中心做研究工作，為明尼蘇達州政府做都市及區域建設計畫，歷時 6 年。

　　獲得美國公民身分後，到華盛頓（Washington, D.C.）聯邦政府任職，先在商業部海洋及大氣管理署（NOAA, National Oceanic and Atmospheric Administration），後轉漁業署（Fishery Services）任東北區主管，一年後被調升為 13 職等，重回聯邦政府。經歷 Jimmy Carter、Ronald Reagan、George Bush 和 Bill Clinton 四位總統時代，歷時 23 年，最後在福衛部國家衛生院（NIH, National Institutes of Health）退休。楚材晉用，對美國卓有貢獻。

　　1968 年初到美國，沐浴在民主自由、尊重人權的氛圍中，想起家鄉的台灣同胞卻生活在獨裁統治的白色恐怖中，乃於 1969 年毅然參加台灣獨立運動，因此被列入黑名單，滯美 32 年才重回故土。應劉守成縣長之邀擔任計畫室主任，為宜蘭縣冬山河首創國際名校划船邀請賽，憑其擔任世界台灣人同鄉會會長 4 年所建立的人脈，跨越外交部所辦不到的界限，邀請到牛津、劍橋、哈佛、普林斯頓、雪梨、墨爾本、早稻田、慶應等世界大學名校，不遠千里飛來參加，為台灣開啟了國民外交的新頁。

　　2000 年首度政黨輪替獲延攬入閣擔任環保署副署長，翌年轉任竹科管理局局長，任內奉命開發中科園區，牛刀刈雞，績效卓著。匯集一生豐富超人的學經歷，他的一顆腦袋竟成了一座究天人之際、通古今之變的智識寶庫，感謝界木兄敞開大門讓我們盡力挖掘，響應他起造台灣政府的呼籲，

同心協力建構一個三權分立的台灣民主共和國。

這本書希望每一個台灣人至少讀完一遍，兩遍尤佳，三遍更好。在此也要向鍥而不捨，堅持制憲建國的辜寬敏大老和賴清德副總統鞠躬致敬！

財團法人陳定南教育基金會董事長　林光義

2021 年 9 月 28 日

## 自序

　　台灣面對經貿超國境化、環保地球化、國防集團化、國際政治協調化的未來，我們台灣必須先有獨立自主的國格，先立於不敗之地，才能進一步在國際舞台上以平等的地位，談折衝整合與發展。這不只是權力轉換的問題，而是台灣人民生死存亡和子孫萬世幸福的問題，也是台灣在 21 世紀建立一個新生現代國家的歷史關鍵。徹底拋棄五權憲法，摒棄中華民國實體，**建立三權分立的新民主共和國**。

　　**「台灣獨立」**不是空空洞洞像是口號化的「兩國論」，或是模模糊糊的「一邊一國論」。我們要進化到**事實上和法理上的獨立**。

　　我們一定要讓全世界的人知道，台灣只有脫離中國，才可能建立一個人權、民主、自由的台灣國。台灣的獨立和美國獨立一樣是一條不歸路。因此，台灣獨立不能妥協，也無法和解，台灣的建國也和美國的建國一樣，可以根據民主的原則，在妥協下成立。

　　目前，台灣不是國家，更是沒有自己的政府。現在的政府，這是二次大戰後占據台灣土地的不合法政府。所以，**根據《台灣關係法》，建立以台灣人民為主的管理當局**（台灣政府），**而不是維持現狀的中華民國當局**。

現在的中華民國當局，不管叫中華民國、ROC 或 Chinese Taipei，都是國際上不會認定合法的政府。《台灣關係法》雖然是美國國內法，但以被公認的國際法為根基，先根據《台灣關係法》建立的台灣政府，才有可能使國家正常化，加入國際社會。

這個台灣政府，像美國與加拿大一樣，強調的是對政治價值與體制的效忠。不像**族裔性民族主義**著重血統，共同的語言、文化、宗教信仰、心理素質等，而是**公民型民族主義**，較著重基本的共同價值觀，特別是政治性價值與制度，如憲政民主、司法獨立、司法審議、個人權利與尊嚴、個人財產的保護，沒有代表權就不繳稅等。

作者，因被列入「黑名單」，前後滯美 32 年，頭 9 年在大學進修並擔任研究教職，後 23 年在美國聯邦政府工作。回台後，先後在宜蘭縣政府計劃室、行政院環保署和科學園區管理局工作七年多。

換句話說，我曾在三權分立及五權憲法體制下的政府工作過，我覺得三權分立的政府比較好、比較適合台灣。在這樣的背景和觀察下，我提出超越族群、黨派的利益與思維，一切為造福台灣下一代著想，大膽提出個人的看法。相信會引起一些既得利益者和政客的撻伐。我敢作「湖中投石」之舉，就是期待大家對這個課題加以思考。

7/31/2021　李界木　於台灣宜蘭市

# ‖ 目次 ‖

第一章

# 前 言

根據《台灣關係法》，建立台灣人民的管理當局：台灣政府，而不是中華民國的當局。

建立**三權分立**的政治制度，採行**總統制**；厲行地方自治，政府以**精簡**為原則。

三權分立不復再獨裁、怪胎政府。（圖／作者提供）

## 起造台灣改府綱要

建國可以妥協，而**主權獨立不能妥協**。

**建立公民型民族主義國家**，不是族裔性民族主義國家。

起造新政府有兩大課題，不但要在國際上變成一個**獨立自主的國家**，同時在國內，還要**建立一個民主、公平、合理的幸福社會**。

## 建立三權分立的台灣政府

台灣不是國家，更是沒有自己的政府。現在的政府，這是二次大戰後占據台灣土地的不合法政府。所以，根據《台灣關係法》，建立以台灣人民為主的管理當局（**台灣政府**），而不是維持現狀的中華民國當局。

現在的中華民國當局，不管叫中華民國、ROC 或 Chinese Taipei，都是國際上不會認定的合法政府。《台灣關係法》雖然是美國國內法，但以被公認的國際法為根基，先根據《台灣關係法》建立的台灣政府，才有可能使國家正常化，加入國際社會。

- 政治上要建立獨立民主的國家；
- 經濟上要建立均富的國民經濟；
- 司法上要實行陪審制公義的社會；
- 文化上要發展優良固有的台灣文化：反抗不公不義的精神。

## 台灣政府的特色

- 國家正常化。
- 年省 1 兆政府開支：政府整併後年省 3,000 億，裁員後年省 7,000 億。4 年後，人均可由 23,000 美元增至 40,000 美元。
- 推行全民化的「國民福利金」制度：絕大部分退休軍公教人員，月可領原薪（3 至 8 萬元），勞工、農民每月至少可領 3 萬元。勞工周休二日，法定工作 40 小時，最低薪 3 萬元。
- 成立企業化農業公司：農民及消費者可成股東。
- 落實地方自治，重整行政區，設立原住民自治區。
- 發展自主能源：開發深層地熱、洋流（黑潮）發電，替代核電、火力發電。
- 國營事業開放競爭。
- 重整媒體、教育、文化、司法，建立新秩序，淘汰不適任人員。
- 落實轉型正義。用陪審制，重審陳、馬案件。

## 合理GDP配置

台灣，2021 年預估 GDP 20.73 兆台幣。以 2021 年爲例，政府（中央和地方）歲入占 GDP 10.13%，歲出占 10.13%，無赤字。

| 項目 | 2021百分比 | 新政府百分比 | 備註 |
|------|-----------|------------|------|
| 國防 | 16.4 | 16 | 美國是18% |
| 教育 | 20.4 | 21 | |
| 社福 | 25 | 31 | 美國是23% |
| 經常開支 | 74 | 70 | |
| 經濟發展 | 12 | 30 | 重點是工農業並重發展 |

新政府預算分配比例。（表／作者提供）

頭五年經濟發展，將以占政府歲出 20%，投入農業發展。照顧全民，提高幸福指數，是施政重點。

### 推行綠色GDP

綠色 GDP 的值小於 GDP 的值，即 GeGDP 的值等於在現行 GDP 核算值的基礎上，再減去以下兩項數值：一項稱「資源耗減成本」（這裡講的資源主要指土地、森林、礦產和水），另一項稱「環境降級成本」（是指因環境破壞引起環境等級下降而應計入的成本）。綠色 GDP 的公式表達爲：

綠色 GDP ＝ GDP －資源耗減成本（resource depletion）
－環境降級成本（environment degradation）。

合理GDP配置：綠色GDP。（圖／作者提供）

第二章

# 和平穩定國防和外交

　　台灣位在西太平洋鏈鎖島弧上，似箭射向中國，是防衛太平洋不可缺的鎖鏈，這是台灣先天的地理位置。台灣過去是歐美航線添煤加水的補給站，現代是戰艦商輪航行要道。古今、將來都一致不變戰略地緣。

　　台灣是太平洋和亞洲大陸二大勢力的緩衝地。和平穩定是我們的理想，武裝中立是目標。就像阿拉法特在聯合國演講時那樣，一隻手拿著橄欖枝，一隻手持著機關槍，向全世界遞出橄欖枝，尤向中國示善，向全世界發出和平訊息。世界各國要彼此自尊自主、和平共處。

## 台灣地理位置

### 台灣的地緣位置：是島鏈（島嶼鎖鏈）位置要地

　　在這島鏈的「封鎖鏈條」中，最為關鍵的是台灣島。它位於島鏈的中間，具有極特殊的戰略地位，掌握了台灣島就

能有效地遏止中國東海與南海的咽喉戰略通道。第二次世
界大戰與韓戰期間，美軍將領道格拉斯·麥克阿瑟（Douglas
MacArthur）曾將位於這島鏈中點的台灣譽為「不沉的航空
母艦」。

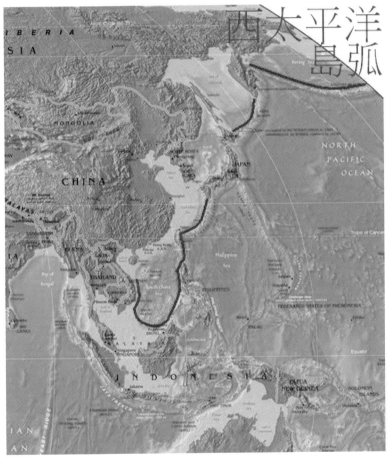

第一防線：紅線標示出島鏈。（圖／作者提供）

# 台灣的戰略位置：扼「中國瓶子的瓶塞」要地

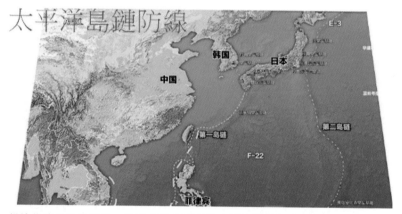

從地緣政治的角度看，就注定了台灣處於海權與陸權相爭利的交集點，封鎖中國瓶子的瓶塞戰略位置。（圖／作者提供）

　　在區位上，台灣扼西太平洋南北連接之咽喉，是東北亞至東南亞、太平洋西部至中東及歐亞諸海上航線的必經之地。有人說它是亞歐大陸東入太平洋的橋頭堡，也有人說它是從海洋西進歐亞大陸的跳板。

　　從軍事角度來看，如果說中國的大陸岸線，彎曲如弓，那麼台灣即位於弓背要害之處。它可射向中國東南沿海六省市及該方向的戰略縱深。

　　如果以台灣為中心，以 500 公里為半徑，向太平洋西

邊作一個扇狀延伸，就好比撒下了一個覆蓋廣闊的雷達防禦網，再也不用擔心會有不懷好意的「鯊魚」狂舉妄動。

## 台灣的經貿位置：是黃金通道的監控點

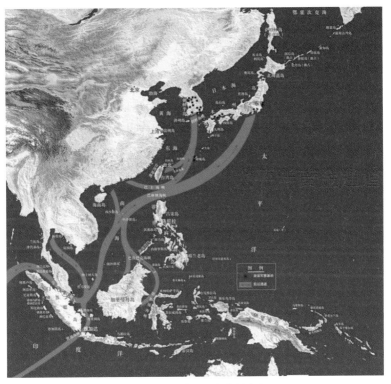

黃金通道。（圖／作者提供）

　　亞洲的南海是世界上最繁忙的海上國際通道之一，全世界超過半數的大噸位商業航運都要通過這一海域，巴士海峽

則擔負著通向日本和韓國的大量物資運輸任務。經由麻六甲海峽進入南海的石油運輸量是途經蘇伊士運河的 3 倍、巴拿馬運河的 15 倍。

東北亞國家強烈依賴這些海上通道來得到能源補給：韓國近三分之二的能源以及日本近 60% 的能源，都是通過圖中的航線進行運輸的。

台灣位於南海的北端，處在這條經濟動脈的中心，台灣的安全直接關係到這條通道是否暢通。美國對這一地區的重視可以從已公布的美軍軍事基地的布署上看出來。事實上，擁有了台灣島，就擁有了以它和它的附屬島嶼為中心的 200 海浬專屬經濟區，也就擁有了中國與西太平洋之間的黃金通道。

## 台灣是印太戰略安全網的戰略夥伴

美國面對中共的快速崛起，提出「印太戰略」（Indo-Pacific strategy）建構兩洋戰略安全網，以應對區域內日益增大的威脅與挑戰。

「印太戰略」的機遇源自於美、日、澳、印四國組成戰略聯盟，得以共同面對中共崛起的壓力。印太戰略已由「慢性」變為「急性」，並升級到 2.0 版本，美國不只在外部慢慢編織包圍網，更主動迫使企業把生產線遷出中國，搬到「自由與繁榮之弧」沿線經濟體。

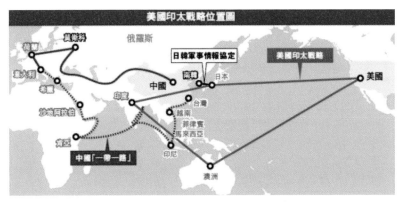

印太戰略位置圖。（圖／作者提供）

　　按照計畫，諸如半導體、新材質、新能源等相對高端產業鏈，可以回歸到美國和日本本土；包括光學、聲學、電子螢幕代工等中端產業鏈，可由台灣和南韓接收；至於紡織、塑膠、產品組裝等低端產業鏈以及重工業，則可由東南亞和印度代勞。中國最引以自豪的是 14 億人口的龐大勞動力及中產市場，不過印度和太平洋「自由與繁榮之弧」經濟體**共有 35 億人口**，論科技有美國和日本擔大旗，加上南韓（**三星**）和台灣（**台積電、鴻海**）扮演高效率第二梯隊，再結合東南亞及印度正在崛起的勞動力與消費市場，不見得比「單打獨鬥」的中國遜色。

　　台灣在此戰略架構下，被賦予須軍事優先協助的夥伴國家地位。台灣成為美國新戰略架構論述的一部分，美國亦已通過相關友台政策，除強化美台關係，還強化我們的防衛能

力。

## 台灣高科技之戰略地位

最近報載，美、德、日等國因車用晶片短缺而導致生產出現危機，以至於這些國家都透過外交管道向台灣表達關切，希望台灣晶片廠能提高晶片供應量。此事件，除了展現台灣科技業者在全球供應鏈占有不可或缺的地位外，也突顯其晶片供應鏈重要性已屬國家外交、安全與戰略領域。

新冠病毒肺炎疫情與美中科技戰，突顯台灣半導體在全球市場的重要戰略性地位，特別是台積電成為兵家必爭之地。2019 年台灣半導體產業於全球的排名，領先韓國來到第二名。但台灣的晶圓代工、半導體封測，位居國際龍頭地位。

半導體業對於台灣 GDP、民間投資、出口、附加價值、供應鏈拉抬效果等有著顯著的貢獻，其中尤以台積電的部分具有舉足輕重的地位。

## 台灣人權民主戰略地位

1990 年代初東西方冷戰結束，民主化成為國際政治發展的主流，台灣也積極走上民主化之途。台灣的民主化是台灣人民所追求的理想。不過，台灣的民主化必然會提供美國及日本，在有關東亞政經戰略及西太平洋防線等作為上有一

更爲堅實的基礎，因爲台灣與美國及日本分享共同的民主自由及人權保障的價值。

　　整個東亞是朝向民主政治的體制發展，但是仍有中國、北韓、緬甸與越南是非民主政治，尤其在新疆、西藏、香港人權的被壓迫之下，更突顯台灣是人權民主的保障堡壘。如果台灣能和東亞地區的日本、蒙古、南韓與新南向政策的印度等民主國家形成「**民主社群**」，則可以**增加民主體制的穩定性，促進經濟繁榮並強化區域安全**。

　　**民主、和平、科技**發展及對國際社會的貢獻等，是台灣的「柔性國力」，這也是台灣在全球化下對外作爲新思維的利基。

　　強化台灣與其他民主國家的連線，例如深化由環太平洋包括台灣在內之 28 個民主國家所成立的「**民主太平洋聯盟**」

民主太平洋聯盟。（圖／作者提供）

（Democratic Pacific Union，簡稱 DPU），對台灣的安全、國際活動的參與，甚至於未來促使專制中國的民主化必會有很大的幫助。

# 台灣國防：和平穩定國防

## 建立全民國防（all-out defense）：兵民合一、寓兵於民

國家主權能否獨立自主，端視自己的國防武力能否保衛自己國家的主權和人民福祉。台灣應仿效以色列、瑞士寓兵於民。

台灣應當以精實國軍：正規軍募兵化、專業化，預備役部隊全面徵兵，並尋求和美日及歐洲國家有軍事合作之可能。

### 全民皆兵的瑞士

- 瑞士軍是瑞士的國家武裝部隊。性質介於民兵與正規軍之間，隸屬於瑞士的國家民兵體系，只有一小部分人員為職業軍人，絕大多數都是徵召入伍的義務兵。
- 瑞士作為傳統中立國家，不參加外國戰爭，但是會參與國際維和任務，同時也是北約下屬和平夥伴關係計劃的成員國。

瑞士為什麼能成為永久中立國？國防上刺蝟戰略，軍事上全民皆兵。（圖／作者提供）

- **採取兵民合一、寓兵於民的全民國防政策。**
- 地形結合防衛需求，建設完整的民防體系，全國遍構防禦工事，建造 610 萬個掩蔽設施，可容納 90% 以上人口。
- 凡年滿 20 週歲至 42 週歲的男性公民必須服兵役。女性公民可志願服兵役。
- 新兵入伍第 1 年在所屬軍兵種新兵學校接受為期 15 周的軍事基礎訓練，此後直到 42 週歲每隔 1 年到部隊參加 1 次復訓，共 10 次，每次 19-20 天，總受訓時間為 300 天。
- 自 1999 年 1 月 1 日起，公民服民防役的年限，由原

來的 52 歲降為 50 歲。

## 仿效以色列：國防享譽世界

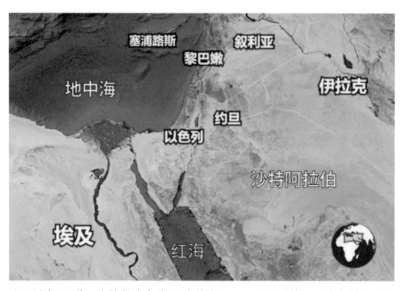

人口只有900萬，土地僅為台灣2/3大的小國家，四面環敵，一邊和周圍鄰居不斷幹架，一邊在內部搞生產。不僅架都打贏了，還把沙漠之國建成了歐洲的廚房，出口的果蔬占據了歐洲40%的市場。（圖／作者提供）

- 以色列國防軍以**年輕、高素質、善打惡仗**而享譽世界，其中有賴其獨特的預備役體制。軍隊的中堅是 2 萬名職業軍官，統領 16 萬現役軍人，危機時總動員可在 3 天內擴充預備役達 60 萬人。
- **以色列國防軍由正規軍和預備役部隊組成。目前，正**

規軍總兵力約 20 萬人，占全國總人口的 3%，應服兵役人數的 5%。預備役人員總數為 43 萬人。

- 公民必須服現役，服完現役後必須服預備役。男性服兵役的時間為 36 個月，女性為 24 個月。以色列法律規定，**18-29 歲的男性和 18-24 歲女性，均應服兵役。**
- **55 歲以下的男性和 38 歲以下的女性必須服預備役。**預備役人員每年都要到自己所在的部隊進行 6 個星期的集訓。

台灣似可仿效以色列，男性服兵役 24 個月，女性為 12 個月。

強悍的以色列女兵。（圖／Wikimedia）

## 發展高科技化軍事

世界先進國家，多年以來不僅設法使國民所得提高，經濟發展繁榮，並投入大筆經費於科技研發，尤其是「國防科研」。

以色列仍然是中東地區最大的武器研發、生產和消費國之一，其每年的軍費開支僅次於沙烏地阿拉伯而居第二位。

以色列很多武器系統，均屬世界上最先進之列，諸如其預警機系統等。

以色列重型步戰車，新型無人炮塔，發射反坦克飛彈。（圖／Wikimedia）

## 台灣的優勢

　　台灣在半導體、面板、電腦、電眼、夜光鏡、監控系統、GPS、Internet 等都具優勢，宜加強國防產業發展。

## 台灣外交：獨立自主外交

### 爭取自由貿易協定的簽定，加強鞏固獨立自主外交

- 根據美國《台灣關係法》的經驗，強化彼此密切互動，積極加強雙方合作。
- 積極爭取美、日的自由貿易協定（FTA）的簽定。
- 加強對歐盟和金磚五國（BRICS）：巴西、俄羅斯、印度、中國、南非的關係，以及薄荷四國（MINT）：墨西哥、印尼、奈及利亞和土耳其（Mexico, Indonesia, Nigeria and Turkey）的貿易關係。

金磚五國（BRICS）：巴西、俄羅斯、印度、中國與南非。（圖／作者提供）

薄荷四國（MINT）：墨西哥、印尼、奈及利亞與土耳其。（圖／作者提供）

## 推行務實外交：活動醫院外交

以科技、醫療援助太平洋島國、非洲和中南美洲國家，促進彼此敦睦關係。把戰艦改成海上醫院，從事友善、和平的外交工作。

　　台灣既爲地球村一員，理應廣結善緣，發揮四海之內皆兄弟的精神，對太平洋島國論壇（Pacific Islands Forum）的成員國、東南亞諸國、中南美洲和非洲國家，可進行海上醫療服務的外交。

## 海上醫院外交優點

　　一方面，可促進台灣本身醫療器材、製藥、醫療服務等生技產業的發展；

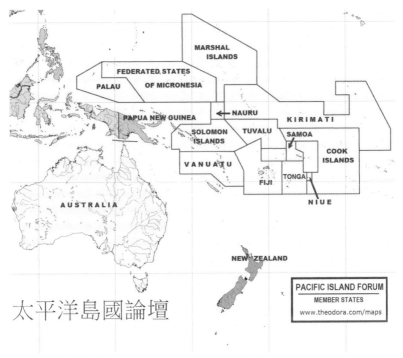

太平洋島國論壇（Pacific Islands Forum）的成員國。這些島嶼分屬美拉尼西亞、密克羅尼西亞、波利尼西亞三大群島區。（圖／作者提供）

美國海軍醫院船撫慰（Comfort）：載有12個齊全的手術室，擁有1,000個床位的醫院。含數位放射服務、醫學實驗室、藥房、驗光實驗室、重症監護病房、牙科服務、CT掃描器、停屍房和兩種產氧植物房。每艘船配備直升機甲板能夠登陸大型軍用直升機，並設有側埠接運陸上的病人。（圖／Wikimedia）

美國海軍醫院船慈悲號（Mercy）：有5個手術室（operating theatres）、恢復室（recovery）、急診室（intensive care）和普通病房（low dependency wards），總計82病床。外科容量每年可處理約7,000病案，儀器有：CT掃描、X射線、實驗室服務、遠端診斷資料傳輸的尼康（Coolscope），以及車載衛星通信系統，可傳送診斷和其他資料。（圖／Wikimedia）

　　二方面，更可讓台灣醫護人員獲得實習機會，培育出更優質的醫護人員，和健全醫護教育；

　　三方面，還可鞏固邦交和拓展新外交，一舉三得，何樂而不為？

## 春種一粒粟，秋收萬顆子

　　斐濟有句諺語「一顆花蕾將孕育出千百萬個果實」；我們也有句古語「春種一粒粟，秋收萬顆子」。台灣與新興國家的關係，正站在新的歷史起點上，求同各國一道努力，求友誼之真，務合作之實，結共贏之果，共圖發展繁榮和諧之夢。

## 第三章

# 全民政治：
# 地方自治化

## 重整行政區

### 設立8個行政區

為使國土資源合理配置及有效利用，並確保國土永續及區域均衡發展，故配合國土整體規劃，並考量行政轄區人口規模、自然及人文資源、生態環境、族群特性、鄉土文化發展、地方財政、民意趨勢及其他政策性等因素，配合國土空間規劃的基本原則：此即是資源、環境、參與、治理等四大意涵。

經審慎評估之後，將全台重劃為八區域（北北基宜、桃竹苗、中彰投、雲嘉南、高屏、花東、澎金馬及原住民自治區）。比照現行直轄市功能和編組，統稱為縣（或自治區），計有北台縣、桃竹縣、中台縣、南台縣、高屏縣、東台（花東）縣、西台（離島）縣和自治區等 8 個行政區。

| 行政區 | 範圍 | 面積（km²） | % | 人口 | % | 村里數 |
|---|---|---|---|---|---|---|
| 北台縣 | | 2,880.8 | 8.06 | 7,480,648 | 31.93 | 1,856 |
| | 台北市 | 271.8 | | 2,700,091 | | 456 |
| | 新北市 | 1,731.6 | | 3,960,653 | | 1,027 |
| | 基隆市 | 132.8 | | 373,340 | | 157 |
| | 宜蘭縣 | 744.6 | | 446,564 | | 216 |
| 桃竹縣 | | 2,850.8 | 8.00 | 3,560,679 | 15.19 | 1,051 |
| | 桃園市 | 870.0 | | 2,045,348 | | 485 |
| | 新竹縣 | 671.5 | | 522,709 | | 180 |
| | 新竹市 | 104.0 | | 431,602 | | 120 |
| | 苗栗縣 | 1,205.3 | | 561,020 | | 266 |
| 中台縣 | | 3,661.0 | 10.25 | 4,480,018 | 19.12 | 1,338 |
| | 台中市 | 1,177.0 | | 2,705,670 | | 517 |
| | 彰化縣 | 1,074.0 | | 1,292,226 | | 589 |
| | 南投縣 | 1,410.0 | | 482,122 | | 232 |
| 南台縣 | | 5,018.0 | 14.01 | 3,380,740 | 14.43 | 1,258 |
| | 雲林縣 | 1,290.0 | | 706,174 | | 387 |
| | 嘉義縣 | 1,476.0 | | 519,824 | | 35 |
| | 嘉義市 | 60.0 | | 270,858 | | 84 |
| | 台南市 | 2,192.0 | | 1,883,884 | | 752 |
| 高屏縣 | | 2,863.6 | 7.99 | 3,571,949 | 15.25 | 1,278 |
| | 高雄市 | 1,571.6 | | 2,768,742 | | 879 |
| | 屏東縣 | 1,292.0 | | 803,207 | | 399 |
| 東台縣 | | 2,792.0 | 7.54 | 509,546 | 2.18 | 277 |
| | 台東縣 | 1,444.0 | | 204,320 | | 121 |
| | 花蓮縣 | 1,348.0 | | 305,226 | | 156 |
| 西台縣 | | 307.8 | 0.84 | 241,128 | 1.03 | 155 |
| | 澎湖縣 | 127.0 | | 101,636 | | 96 |
| | 金門縣 | 152.0 | | 126,964 | | 37 |
| | 連江縣 | 28.8 | | 12,528 | | 22 |
| 自治區 | | 15,435 | 43.31 | 202,817 | 0.87 | 432 |

8個行政區表。（表／作者提供）

1 北台縣
2 桃竹縣
3 中台縣
4 南台縣
5 高屏縣
6 東台縣
7 西台縣
8 自治區

台灣新行政區圖。（圖／作者提供）

## 設立原住民自治區

　　山地原住民鄉是依據台灣的《地方制度法》所設置之地方行政區，而在該部法律中仍沿襲以往舊稱，稱爲**山地鄉**，此一設置源於日治時期台灣各地之蕃地，在戰後初期所改制。山地原住民鄉（山地鄉）境內以台灣原住民族爲主要居民，其鄉長須經過民選，且必須爲原住民族籍者方能擔任。

　　目前山地鄉區包括：新北市烏來區、桃園市復興區、新竹縣尖石鄉、五峰鄉、苗栗縣泰安鄉、台中市和平區、南投縣信義鄉、仁愛鄉、嘉義縣阿里山鄉、高雄市桃源區、那瑪夏區、茂林區、屏東縣三地門鄉、瑪家鄉、霧台鄉、牡丹鄉、來義鄉、泰武鄉、春日鄉、獅子鄉、台東縣達仁鄉、金峰鄉、延平鄉、海端鄉、蘭嶼鄉、花蓮縣卓溪鄉、秀林鄉、萬榮鄉、宜蘭縣大同鄉、南澳鄉。

　　由上可知，台灣共有 30 個山地原住民鄉，其分布以南部爲首、東部次之，兩者合計超過總數三分之二。

　　台灣的原住民族包括平埔族和原住民，都是南島語族的一支系，平埔族因長期與漢語系移民接觸而產生深刻的文化變容，其文化特質已消隱於台灣社會。目前所通稱的**原住民族人口約有 53 萬人，占總人口數的 2%**，依據目前行政院原住民族委員會的標準來看，即經政府認定的原住民族有：阿美族、泰雅族、排灣族、布農族、卑南族、魯凱族、鄒族、賽夏族、雅美族（達悟族）、邵族、噶瑪蘭族、太魯閣族、

| 原山地鄉 | 面積（km²） | 人口 | 村數 | 原縣市 |
|---|---|---|---|---|
| 烏來鄉 | 321 | 6165 | 5 | 新北市 |
| 大同鄉 | 658 | 6155 | 10 | 宜蘭縣 |
| 南澳鄉 | 741 | 6161 | 7 | 宜蘭縣 |
| 復興鄉 | 351 | 10,925 | 10 | 桃園市 |
| 尖石鄉 | 528 | 9497 | 7 | 新竹縣 |
| 五峰鄉 | 228 | 4748 | 4 | 新竹縣 |
| 泰安鄉 | 615 | 6182 | 8 | 苗栗縣 |
| 和平鄉 | 1,038 | 10,827 | 8 | 台中市 |
| 仁愛鄉 | 1,274 | 15,857 | 15 | 南投縣 |
| 信義鄉 | 1,422 | 16,857 | 14 | 南投縣 |
| 阿里山鄉 | 428 | 5776 | 12 | 嘉義縣 |
| 那瑪夏鄉 | 253 | 3202 | 3 | 高雄市 |
| 桃源鄉 | 929 | 4298 | 8 | 高雄市 |
| 茂林鄉 | 194 | 1913 | 3 | 高雄市 |
| 霧台鄉 | 277 | 3462 | 6 | 屏東縣 |
| 三地門 | 196 | 7822 | 10 | 屏東縣 |
| 泰武鄉 | 119 | 5309 | 6 | 屏東縣 |
| 瑪家鄉 | 79 | 6723 | 6 | 屏東縣 |
| 來義鄉 | 168 | 7643 | 7 | 屏東縣 |
| 春日鄉 | 160 | 4862 | 6 | 屏東縣 |
| 獅子鄉 | 301 | 4899 | 8 | 屏東縣 |
| 牡丹鄉 | 182 | 4877 | 6 | 屏東縣 |
| 海端鄉 | 880 | 4383 | 6 | 台東縣 |
| 延平鄉 | 456 | 3614 | 5 | 台東縣 |
| 金峰鄉 | 381 | 3676 | 5 | 台東縣 |
| 達仁鄉 | 306 | 3750 | 6 | 台東縣 |
| 蘭嶼鄉 | 48 | 4976 | 4 | 台東縣 |
| 秀林鄉 | 1,642 | 15,499 | 9 | 花蓮縣 |
| 萬榮鄉 | 618 | 6524 | 6 | 花蓮縣 |
| 卓溪鄉 | 1,021 | 6235 | 6 | 花蓮縣 |
| 總計 | 15,841 | 202,817 | 216 | |

原住民自治區表。（表／作者提供）

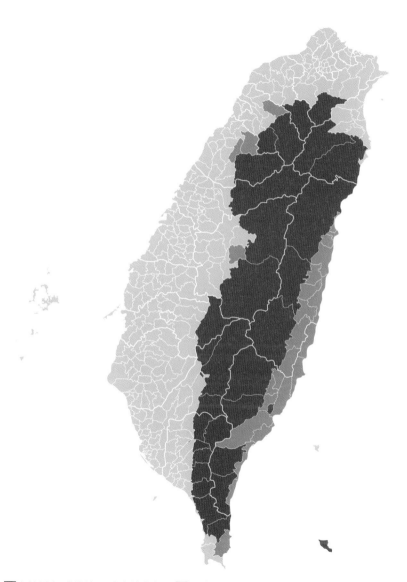

■山地原住民族地區（山地鄉）、■平地原住民族地區。（圖／作者提供）

撒奇萊雅族、賽德克族、拉阿魯哇族、卡那卡那富族等 **16
族**，各族群擁有自己的文化、語言、風俗習慣和社會結構，
對台灣而言，原住民族是歷史與文化的重要根源，也是獨一
無二的美麗瑰寶。分布在 30 個山地鄉區，其種族體質特徵、
傳統經濟生業、社會習俗文化等各方面與漢語系族群有很大
不同，形塑台灣多元族群、多元文化的風貌。

　　以 30 個山地鄉來說，最大的是花蓮縣秀林鄉（面積有
1,641.8555 平方公里），最小的是台東縣蘭嶼鄉（面積 48.3892
平方公里）。

　　另有 **25 平地原住民鄉（鎮、市）** 包括：新竹縣關西鎮、
苗栗縣南庄鄉、獅潭鄉、南投縣魚池鄉、屏東縣滿洲鄉、花
蓮縣花蓮市、光復鄉、瑞穗鄉、豐濱鄉、吉安鄉、壽豐鄉、
鳳林鎮、玉里鎮、新城鄉、富里鄉、台東縣台東市、成功鎮、
關山鎮、大武鄉、太麻里鄉、卑南鄉、東河鄉、長濱鄉、鹿
野鄉、池上鄉。因長期與平地人混居，融入現有縣市轄區內，
難以分割，且如平埔族人雖消隱於漢人為主的社會，但是很
多地名保留了其歷史遺蹟，進而成為當地的代表。其他如宜
蘭、基隆、新竹、苗栗、雲林、嘉義、高雄、屏東等縣市名
稱多來自平埔族，其他小地名更是不勝枚舉，已成台灣主體
的一部分。他們族群具原住民族歷史淵源及文化特色，若願
意與自治區同存的話，俟日後再調整。

　　山地原住民鄉區劃為台灣森林保育和水土保護區，同時

也是原住民自治區，因此現在農委會轄下的林務局和水土保持局之經費，年約 87 億元，再加原委會的 60 幾億，新的自治區每年至少有 120 億的預算，中央授權給自治區，讓居民認養森林（如每人一千棵），有充分就業機會。台灣水土保持確實做好，免去土石流威脅，降低災害的社會成本，這是一個良策。

## 金馬歸屬：自決

當年中國國民黨蔣介石占據金門和馬祖之主要目的是拒絕「兩個中國」政策。蔣介石堅持占據中國的金門和馬祖，表面上是為向台灣人民表示，他要反攻大陸奪回「中國代表權」，也拒絕「兩個中國」政策。

金門和馬祖是蔣介石政府在中國土地上最後的立足點，他不能主動放棄這些島嶼，否則他將失去代表中國與自己人民的支持。

金門和馬祖適用「**住民自決原則**」。然「正確的認知」是全民投票之基本要件，無論是外島或本島住民，對「中華民國的法定位之真相」和「台灣獨立自主之必要」必須要有「正確的」認知，才能喚起「住民自決意識」之抬頭。在正確的認知之下，以符合民主程序之方式（**全民投票**）行使「住民自決權」，由當地住民決定自己和土地的命運。台灣政府應該早日使台灣人了解真相，**舉行全民投票，由當地住民自**

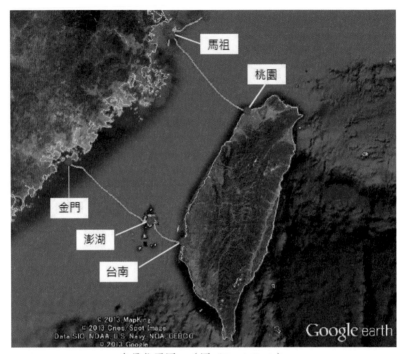

金馬位置圖。（圖／Google Earth）

**已決定金門和馬祖未來的法定位**，之後，以民主程序之結果為依據，協助離島或留島計畫和行動，作最妥善安置。

## 直接民權

在政治上，我們將行使直接民權，盡量去除間接民權：代議士。

- **減縮立法院**，由 113 名委員縮減至 50 名以下。

- 縣區的代議士則依行政區而定。
- 8 名委員代表縣區的民意代表（每縣區不論大小，各選出一名），再加 25 名委員，依縣區人口數選出（每百萬人選出一名），選區可重劃，未必依行政區而定。
- **不設不分區委員。**

## 健全地方稅收：調整稅賦

- 營利事業所得稅及其他稅收，均由地方政府收取。
- 遺產及贈與稅、地價稅、土增稅、房屋稅、契稅、娛樂稅，可分配 100%。原本遺產及贈與稅，地方只得 50%，現可全得。
- 貨物出售地固可抽營業稅，貨物現產地也可抽營得稅。稅率地方自訂。
- 中央的補助金制度是可以分為「統籌分配款」及「補助款」等兩大類。

統籌分配款：指由中央政府依法收取之國稅。除保留極少部分為中央留用款項之外，依各地稅基比例、人口比例或依一定公式之計算，重分配給地方政府，作為各地方之財政經費。新法將以該地人口比例占 60% 和以面積比例占 40% 合計分配，即（總額 ×0.6× 人口 ％＋總額 ×0.4× 面積 ％）。因同是一輛垃圾車收集一噸垃圾，在都市裡走不到一公里可

達成，可是幅員廣大的鄉間就要走幾公里才能達到，不考慮幅員大小是不公平的。

**補助款**：中央依其立法決定或行政裁量，於評比地方之需求或施政績效後，從中央總預算的補助支出項目中，發給地方的財政經費。

## 可發行地方政府公債

地方政府債券一般用於交通、通訊、住宅、教育、醫院和污水處理系統等**地方性公共設施的建設**。同中央政府發行的國債一樣，地方政府債券一般也是以當地政府的稅收能力作為還本付息的擔保。

允許地方政府發行債券，無疑解決了地方政府財政吃緊的問題。地方政府可以根據地方議會或公投通過的發展規劃，更加靈活地籌集資金，解決發展中存在的問題。更主要的是，由於地方政府擁有了自籌資金、自主發展的能力，中央政府與地方政府之間的關係將會更加成熟，地方議會在監督地方政府方面將會有更高的積極性，憲政體制將會得到進一步鞏固。但要有嚴格的約束機制，不讓地方政府過分舉債，防止出現破產問題。

根據過去財政部國庫署公布之公共債務統計表資料顯示，中央及地方政府債台高築，截至 **2021 年 6 月底，全台負債高達 5 兆 9,048 億元（平均每人負債 25.1 萬元）**，其中

苗栗縣、宜蘭縣更嚴重超出舉債上限，恐成為台灣「希臘化」
的縣市。根據公債表，目前苗栗縣 1 年以上債務占縣政府總
預算 67.67%，高居負債王；宜蘭縣以 63.91% 緊追在後，皆
遠超過規定上限 50%。其他包括雲林縣、南投縣、嘉義縣、

| 地方政府（2019） | 負債額（億元） | 人均負債（萬） |
|---|---|---|
| 台北市 | 898 | 34 |
| 新北市 | 1,455 | 36 |
| 桃園市 | 420 | 17 |
| 台中市 | 1,037 | 38 |
| 台南市 | 601 | 32 |
| 高雄市 | 2,482 | 88 |
| 宜蘭縣 | 209 | 46 |
| 新竹縣 | 162 | 29 |
| 苗栗縣 | 379 | 69 |
| 彰化縣 | 236 | 19 |
| 南投縣 | 105 | 22 |
| 雲林縣 | 212 | 32 |
| 嘉義縣 | 165 | 33 |
| 屏東縣 | 170 | 21 |
| 台東縣 | 47 | 22 |
| 花蓮縣 | 83 | 27 |
| 澎湖縣 | 10 | 11 |
| 基隆市 | 73 | 19 |
| 新竹市 | 113 | 26 |
| 嘉義市 | 0 | 0 |
| 金門縣 | 0 | 0 |
| 連江縣 | 0 | 0 |

台灣地方2019年負債表。（財政部國庫組，表／作者提供）

屏東縣、新竹縣、新竹市及花蓮縣等 7 個縣市，皆有占超過 40% 的債務，財務狀況吃緊。

自 2004 年迄今，1 年以上非自償債額實際數從 3 兆 8,784 億元，增長至 2021 年已達 5 兆 7,048 億元，增幅高達一倍。

## 政府改造（Workforce Restructure）

過去政府像是小孩穿大人衣服，不合時宜又浪費，每年造成赤字將近 2,000 億元，疊床架屋，浪費經費與人才，同時效率低，由下圖就可看出。

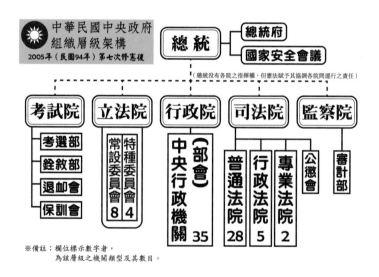

2005年中華民國中央政府架構圖（圖／Wikimedia）

## 建立三權分立的政治制度，採行總統制

　　為了保障公民自由和限制政府的權力，我們接納了孟德斯鳩的想法，在台灣憲法之內清楚地把行政、司法、立法分開，而且讓它們互相制衡。

　　「三權分立」即立法、行政、司法三種國家權力分別由三種不同職能的國家機關行使、互相制約和平衡的學說和制度。

　　總統制，是一種共和制政體，總統是政府首腦，同時也是國家元首，是國家政治權力的中心。總統的行政權與立法和司法機構三權分立，形成制衡。總統為人民直選產生，向人民負責，政府由總統領導。

## 更動政府單位

　　2010 年行政院由現行 37 部會，整併瘦身為 29 部會（含獨立及附屬機關），中央政府總員額上限則訂為 17 萬 3 千人。但至 2012 年全台軍公教人員共 61 萬 4,446 人（215,000 軍人＋ 373,952 公務人員＋ 25,494 教職人員），數目龐大。

　　台灣新政府應該隨時檢討裁撤不必要的機關及冗員。被更動的政府單位如下：

| 機構 | 員額（人） | 預算（億元） | 變更情形 |
|---|---|---|---|
| 監察院 | 502 | 19 | 撤除 |
| 考試院（本部） | 237 | 3.5 | 撤除 |
| 考試院（附屬） | | 33 | |
| 法務部（本部） | 293 | 12 | 撤除 |
| 法務部（附屬） | 18,000 | 120 | 成立檢調署；矯正署入司法院 |
| 勞動部 | 1,915 | 1,284.42 | 併入內政部；金融保險移入福衛部 |
| 科技部（本部） | 300 | 422.64 | 部分入教育部 |
| 科技部（附屬） | 1,099 | | 移入教育部 |
| 陸委會 | 295 | 10.71 | 撤除 |
| 運安會 | 26 | 0.53 | 移入交通部 |
| 僑委會 | 272 | 12.82 | 撤除；部分入外交部 |
| 蒙藏會 | 69 | 1.27 | 撤除 |
| 客委會 | 95 | 38.69 | 撤除 |
| 原委會 | 195 | 68.39 | 撤除；另成自治區 |
| 退輔會 | 2,930 | 1,200 | 撤除；部分移入國防部 |
| 環保署 | 750 | 43.06 | 移入環資部 |
| 海巡署 | 1,000 | 8.27 | 移入國防部 |
| 原委會（本部） | 246 | 5.24 | 暫時性；廢核完成後撤除 |
| 原委會（附屬） | 1,050 | | 廢核完成後撤除 |
| 工委會 | | 3.86 | 撤除；部分移入政府總務管理署 |
| 主計處 | 810 | 10.36 | 撤除 |
| 人事行政處 | 305 | 25.17 | 更為人事行政署 |
| 故宮博物館 | 483 | 24 | 移入文化部 |
| 合計 | 30,872 | 3,346.93億元 | |

更動的政府單位表。（表／作者提供）

　　從上表粗略看來，在中央政府方面總共有 30,872 人將變動；而每年預算可變動至少 3,346 億元，而當年（2013）政府的赤字是 2,076 億元，可見政府**每年多付出的債務（占 GDP 7%），都是政府機能重疊、浪費所致，透過政府改造（Workforce Restructure）可以奏效。**

## 新政府的架構圖

- 經廢除、撤消、重整後的政府組織，除總統府外，是 3 院 9 部 7 署。
- 院以下設部，或署（獨立機構），再下設有司、局、處三個層級單位。

### 新政府架構圖

| | | |
|---|---|---|
| 總統府 | 國務院 | 國防部 |
| | | 外交部 |
| | | 人權諮詢委員會 |
| | 國安院 | 國家安全會議 |
| | | 國家安全局 |
| | 國發院 | |
| | 國研院 | 中央研究院 |
| | | 國史館 |
| | | 國史館臺灣文獻館 |
| 總統 | 行政院 | |
| | 立法院 | |
| | 司法院 | |

## 9部7署

| 9部 | 7署 |
|---|---|
| 內政部 | 中央銀行 |
| 財政部 | 中央選舉署 |
| 交通部 | 公平交易署 |
| 衛生福利部 | 人事行政總署 |
| 經濟部 | 國家通訊傳播署 |
| 教育部 | 檢調署（新） |
| 文化部 | 政府總務管理署（新） |
| 農業部（新） | |
| 環資部（新） | |

新政府架構圖。（圖／作者提供）

## 農業部（新）

為適合新農業政策，提高農業自給率和振興農村，精簡後的農業部如下：

A. **農糧司**：農糧政策、法規、方案、計畫之擬訂、執行及督導事項；附屬機構是台灣農糧公司，負責企劃、作物生產、農業資材、運銷加工、糧食產業和糧食儲運之營運。農糧係指稻作、雜糧、蔬菜及水果。

附屬機關－**台灣農糧公司**：經營稻米、雜糧。

　　　　　　**台灣蔬果公司**：經營蔬菜、水果、花卉、特殊作物。

B. **漁業司**：漁業政策、法規、方案、計畫之擬訂及督導；
   附屬機關是台灣漁業公司，負責企劃、漁政、遠洋漁
   業、養殖漁業之經營。

   附屬機關－**台灣漁業公司**：經營沿海、近海、遠洋、
   　　　　　　　　　養殖等漁業。

C. **畜產司**：關於畜牧政策、法規、產銷計畫與科技方案
   之擬訂及督導事項。

   附屬機關－**台灣畜產公司**：經營家禽、牛、羊、豬。

D. **農業科技司**：掌控農業技術與資材；附屬機關是台灣
   農具公司，負責農機、肥料、農業用品之營運。

   附屬機關－**台灣農具公司**：經營農具、農機、肥料、
   　　　　　　　　　殺蟲劑、除草劑、用油（石油）業務。

E. **動植物防疫檢疫司**：主管動植物防疫、檢疫政策、法
   規、方案、計畫之擬訂、執行及督導；設有動物防疫
   組、動物檢疫組、植物防疫組、植物檢疫組、企劃組、
   肉品檢查組。

F. **農業金融局**：負責農業金融機構之監理及政策性農業
   專案貸款之規劃推動等事宜；農民之借貸、附屬機構
   資金運轉、農作保險統由本局負責。

   附屬機關－**台灣農民銀行**：經營農業放貸、存款、信
   　　　　　　　　　用、擔保、保險、外匯等業務。（將併入
   　　　　　　　　　現存土地銀行）

除林務局和水土保持局（*移入環資部*）外，其他照舊，但新增四個法人公司。

## 環資部（新）

環資部是爲辦理全國環境及資源保育業務，掌理大氣、水域、海域與陸域資源之維護，生態、保育及防止污染是其最主要職責。統合原有行政院環境保護署、交通部的氣象局和觀光局、經濟部的水利署、農委會的林務局和水土保持局、內政部營建署的國家公園管理處，再加上新增的海洋部分。

保持上述業務單位和所屬機關（構）外，可簡化如下：

A. **環保司**：以原環境保護署爲主。

B. **水利司**：以原水利署爲主。

C. **海洋司**：原海洋保育署，設有綜合規劃、海洋資源、海域安全、科技文教處、國際發展等單位。

D. **生態環境司**：以原水土保持局爲主。

E. **觀光司**：以原觀光局爲主。

F. **氣象地震司**：以原氣象局爲主。

G. **森林及保育司**：以原林務局爲主。

H. **國家公園司**：由原內政部營建署的國家公園管理處行政資源整併，統一負責管理的主管機關。

附屬事業－台灣自來水公司，歸併至國營事業署。

原林務局之森林企劃、林政管理、集水區治理、造林生產、森林育樂及保育，以及原水土保持局之保育治理、坡地防災、坡地管理、基本地質、防災地質、土石管理等維持部分技術人員，作為政策釐訂和技術支援外，其餘全下放到原住民自治區。林務和水土保持是自治區主要任務，年將注入100億元。一旦自治區能掌控任務時，本司將撤除。

### 檢調署（新）

法務部破壞司法獨立，是行政干涉司法獨立的元兇。撤銷的法務部原有兩大機能：檢調和矯正。現一個成立獨立機構，另一個劃歸司法部。

新成立的獨立機構，是負責全國治安的重鎮。檢察調查機關是全國最高檢察機關，辦理最終審之檢察事務，另設調查局負責犯罪偵查與情報機構。**最高法院檢察署的首長為檢察總長，由民選充任**。取消特設單位「特別偵查組」，**廉政署全部撤除，各機構的政風室不再設立**。調查局業務及人力將大為縮減。

A. **國安司**
B. **保防司**
C. **調查司**
D. **起訴司**

### 政府總務管理署（新）

政府總務管理署（GSA）是台灣政府的獨立機構，旨在幫助、管理和支持政府機構的基本功能。它是替各層政府（中央及地方）提供耗材產品、通信、交通和辦公空間較低價取得的服務，以降低及達成政府開發成本最小化的政策，以及其他管理任務。政府總務管理署雇用專員，一次整批採購耗材產品，可能是市價五、六折就可取得，讓各級政府在預算內平價申購。

各級政府租用或建造的建築物（規劃、建造、裝潢、監工、維護），以及各種車輛之租用或購買（如卡車、消防車、垃圾車等），都可低於市價，**統一核銷，品質保證，杜絕收回扣，減少貪污機會**。這也是取消各機構設置政風處或政風室和主計室的原因。簡化報銷手續，節省審查、核計的時間和人力。政府總務管理署的主要業務是採購服務和建造公共建築服務。

至於國營事業將逐漸開放民營而消失；台灣將是無核家園，核廢料處理一段時期後，原子能管理相關機構將消失。屆時國營事業署和原子能署將不存在，只剩 7 署。

# 精簡政府人力（Reduction in Force）：瘦身

在高度競爭的環境中，組織員額精簡（Downsizing）或「有效縮減組織人力」（Reduction in Force）被公、私部門廣為運用，是組織重組、提高績效、減少開支與降低成本最有效的管理方式。

組織員額精簡係指組織有計畫地裁減組織中的職位及工作，又可稱為「減肥措施」（To Cut Out the Fat）或「整簡」（To Get Lean and Mean）。

目前政府太肥了，整個架構原設計要統治大中國，太龐大！因此冗員太多。

政府機構官僚作風，手續繁複，效率差，早已不適合數位時代了！

過去政府喊出改造計畫，要將公務員人數「瘦身」，但15年下來，竟然「愈減愈肥」，15年增加超過1萬7千人，達到36萬6千多人（2019）。

## 冗員太多

2017年，美國人口3億2千1百萬多人，聯邦政府雇用80萬公務人員；台灣人口2千3百萬多人，中央政府卻雇用18.6萬公務人員，**台灣政府比美國政府多用3.23倍公**

**務人員。冗員太多了！**

台灣的中央或基層公務體系裡冗員實在太多，舉鄉鎮市公所為例，其領薪人員比實際所需的員額足足多出一倍以上。

編制人員每天真正用在辦公的時間平均不到 3 小時，也就是說根本沒有太多工作可做，或者大家都只求矇混過關了事。

泡茶聊天，找人閒聊，偷溜出去辦私事。

唯有大刀闊斧的改革，才是對未來世代的公平處置，也是對國家整體的負責做法。

**目前（2019）全國公務人員人數為 36 萬 1 千人**，行政機關為 25 萬 3,061 人，公營事業機構為 6 萬 287 人，衛生醫療機構為 1 萬 9,494 人，各級公立學校（職員）為 2 萬 8,158 人。中央各機關為 18 萬 9,525 人，占 52.5%。地方各機關為 17 萬 1,475 人，占 47.5%。

地方各機關中，台灣各縣市機關為 5 萬 4,757 人，占 15.75%；六都卻占 30.25%。

全國公務人員之任用經國家考試及格者占 87.45%，而以特種考試占 40.26% 最多。各級政府全年歲出 2 兆 116 億元（2019），占 GDP 15.4%。

依據個人過去的經驗，目前政府可瘦身、裁減三分之一以上人力。個人回台任職竹科，5 年多利用原班人員，另開

關 7、8 個新園區，除中科另成立新的管理局，依編制新任用 30 幾名人員外，全是竹科原班人員，可見台灣公務人員工作頗具彈性。

又個人有幸參與美國克林頓總統推行政府裁減工作（RIF: Reduction in Force）。個人負責我們單位三千多人（裁減一千多名）的程式設計，從打分數、排序、發通知，全由電腦處理，公平又免去遊說困惱。

## 依全國一律標準裁減

每一機構自組一個裁減委員會，自訂裁減目標（33%，全國一律）和裁減標準，**依資歷、學歷、績效、獎懲、工作能力**（是否會使用電腦、統計、管理技術等）及**接受新理念**等等打分數。然後依分數高低，決定去留及升降。例如十個人評比，最後三名被裁退，其他七名重新排位。如現任主管，如排在第三名的話，就失去主管職位，改降為新職。頭一年職位變更的話，薪水照領舊有的（因該年度預算已通過），次年就領新職位的薪水。為避免關說，整個過程不公開。

## 台灣被裁者可安插新職

個人相信目前政府改造重組，再加裁減，可減去三分之一的人力和預算，5 年後可能達到減去一半。除了醫衛人員（21,449 人）目前暫不裁撤外，各級單位現先以裁減三分之

一為目標，即裁減 11 萬多人（336,842×0.33 ＝ 111,257），其中可能有三至四成提早退休，剩下的可安插新職。

此舉增加 8 千多億元（26,652 億元 ×0.33 ＝ 8,795 億元）可動用，另作安排。這些措施將「以更少資源做更多事」（do more with less）。

美國被裁減的人員，政府不作安排。但我們會事先安排，新成立的 6 個農業法人機構，從事民生物質生產，如蛋類、肉類、魚類、蔬果、雜糧生產與加工、製造、銷售，使用有機及現代化技術，以確保食品品質與安全。被裁減人員保證可優先安排，而且每人均有退休金可領，月領至少 3 萬元以上。目前農業短缺人力達 28 萬之多。

## 建立eGov

數位化對於數據處理、存儲和傳輸至關重要，因為它「允許各種格式的信息，以相同的效率進行傳輸」。數位化的最大好處是方便資料傳輸與保存，使資料不易失真。這種數字技術和應用有助於經濟實力，社會福祉和有效的國家治理。

數位化可以幫助政府機構更快地實現政策目標數位化，可以幫助政府機構更快地實現政策目標。

在當今世界，政府需要找到更好的方式來應對當前的挑戰，並跟上公民的數字期望。數位化可以幫助政府機構更快地實現政策目標，幫助建立一個無摩擦的政府。

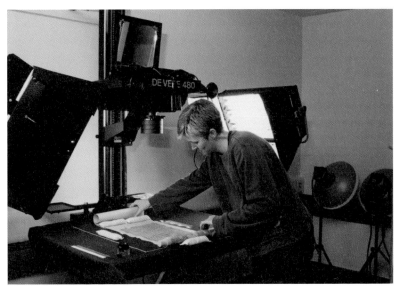

大英圖書館數位化敦煌手稿。（圖／Wikimedia）

　　它需要重新設計業務模式、流程和員工參與度，以便他們能夠生活，決策和交易在機會時刻執行。迅速、正確處理，可以防止人為失誤和節省人力。

　　電子政府（e-gov、數位政府、在線政府、聯網政府等）是將政府與公民之間用數位化的方式連接。

　　計有 G2C（政府到公民，Government to Citizens）；G2B（政府到企業，Government to Businesses）；G2E（政府到員工，Government to Employees）；G2G（政府之間，Government to Governments）；C2G（公民到政府，Citizens to Governments）。

　　數位化包括政府管理、信息和通訊技術（ICT）、企業流程再造（BPR）和電子公民等，包括國際、國家、省級、市級各級政府。把信息推送到網上，例如政策法規、公共假期、公共收聽計劃、簡要新聞、通知等；政府與公民、企業或其他政府機構雙向溝通，其中，公民可以向政府提供，發布留言、評論、要求等；進行交易，例如辦理退稅、領取服務費、津貼等；政府管理，例如把公民從消極信息接受者變為積極參與者。電子政務的最終目的是以更高的效率、更低的成本提供更多的公眾服務。電子政務讓政府更透明，讓流程更加簡化，政府信息更容易獲得。

# 第四章
# 小而美的經濟：
# 開發綠色的在地經濟

## 振興農業

過去政客對農業的處理對策都是**收購、補貼、給錢、防堵外來農產品**等，對台灣農業問題無法解決的措施，完全看不到台灣農業的明天。

### 策施

農業是新政府首先改造的項目，預算將占全部政府預算的 20%。健全農業、肥了農民、繁榮農村，台灣經濟才能穩紮穩打，帶動其他產業。這是上天恩賜台灣的自然資源，不能貨棄於地。

- 15 年內提高農業自足率至 90%（目前 32%）。
- 提高糧價，津貼貧戶，優先繁榮農村。
- 成立企業化農業公司。

公司的經營，企劃委由專業企劃人員充當，以期貨交易方式與農民訂定契約，使公司**掌管國內供、需，穩定農價，公司保有一定股份給予農民，但公司受政府監督、輔導。**

## 成立專業企業化的農業

台灣農業面臨產銷失衡、農產品安全以及農業資源配置等三大問題。

農業企業化經營就是把農業生產納入企業範疇，實現農業生產向規模化、區域化、標準化、專業化和效益化的經營方式轉變。

在市場經濟條件下，農業作為一個產業來發展，就必須實行企業化經營，企業化經營組織形式是市場經濟中產業發展客觀要求的一種經營方式、方法和手段，是產業化發展客觀要求的一種相關的制度安排。而且，也只有實行企業化經營，才能有效解決小農經濟的各種矛盾，才能實現**農業增效和農民增收**，從而有效解決「三農」（農村、農業和農民）**問題。**

### 農業四象限：農制、農作、農區、農村

本人將台灣農業分成四象限加以解釋：**農制、農作、農區、農村**。最後，再加政府統籌辦理。

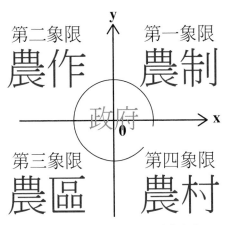

台灣農業解說圖。（圖／作者提供）

## 第一象限　農業制度

官辦民營企業公司，下設六公司。

1. **台灣糧農公司**：經營稻米、雜糧。
2. **台灣蔬果公司**：經營蔬菜、水果、花卉、特殊作物。
3. **台灣畜產公司**：經營家禽、牛、羊、豬。
4. **台灣漁業公司**：經營沿海、近海、遠洋、養殖等漁業。
5. **台灣農具公司**：經營農具、農機、肥料、殺蟲劑、除草劑、用油（石油）業務。
6. **台灣農民銀行**：經營農業放貸、存款、信用、擔保、保險、外匯等業務。（將併入現存土地銀行）

## 公司組成和公司資本額

**公司組成**：起初（頭 3 年至 5 年）先由政府全部投入。公司固定時，政府逐漸釋放股數給消費者，農民股數依年生產供應量之比率定之。公司盈餘依股數分紅，但虧損時全由政府買單，因照顧全民生計是政府的職責。

**公司資本額**：依公司類別而異。整個農業部預算 4,000 億，內含糧農、蔬果、畜產、漁業和本部約 2,500 億，農具公司 500 億，銀行 1,000 億。

目前農委會預算中的林務局和水土保持局，共約 105 億，將另提撥給國土保育用，劃入原住民自治區內。

老人津貼及其他福利金納入國民福利金系統內（*另章說明*）。

**經營方式**：採直銷方式（*經由超市或改組後各地農會的販賣部*），公司掌控全台供需，並經營進出口作為調節，穩定價格，以避免中間層層剝削。

**貨源**：以**期貨契約方式**取得貨物，確保供需及維持價格之平衡。例如稻穀收購，一至八等則良田的稻穀，以每公斤 40 元（*目前第一期稻穀收購價是每公斤 26 元，二期是 25 元*）保證價格收購，收購個別稻農產量 80% 至 100%，由農民選擇；其他等則農地，得在一公頃以上（*一公頃以下者改種雜糧或果蔬*），所產之量，農民自選訂約，但最高額為 80%。

公司掌控全台稻米需要量，每年 120 萬噸，安全存量 60 萬噸，共 180 萬噸。

　　員工及分紅：**此係法人公司，不受公務人員任用辦法規範**，但優先錄用目前農業相關人員充任。**公司員工除有固定月薪外，有一定比例分紅作為獎勵。**

## 提高糧價，津貼貧戶，優先繁榮農村

　　稻穀由契約、收購、加工（公司自設或透過委託輾米廠）、庫存、運送、銷售等過程，最後每公斤白米 45 元出售。

　　以後白米反應成本，其售價會由平價委員會訂之。提高米價之後，對低收入戶以糧券救濟。WTO 現定的進口米（台灣年產量的 8%），不准外銷、援外及撥作飼料，我們可當作糧券分發（貧戶，政府以糧券補助）。我們將一改過去以照顧低收入戶為由，抑制米價、長期剝削農民之政策。

　　組成**專業農民組合**。替代現有鄉鎮之農會組織，參加會員享有低利貸款，優厚價格購買肥料、農具、保險等，且以互助互惠為之。

## 提高農產自給率

　　農民可將契約所訂生產稻米外的土地，改種雜糧或蔬果，另訂定契約保證價格收購。目前台灣每年進口玉米約 500 萬噸、大豆 250 萬噸、小麥 100 萬噸。我們會設法以自

產代替進口，提高農產自給率。雖然進口比自產便宜，但爲糧食安全起見，這是不可避免的措施。

首先由稻田轉作雜糧，停止休耕和預估肉類消耗量、肉類所需的飼料量著手（家禽飼料與肉比是 5 比 1；豬是 3.65 比 1；養殖水產是 1.6 比 1），作較正確推算，訂定提高自給率行程。

| 2020 | 肉類消耗量（家禽、牛、豬、養殖魚、海洋魚） | 380.0 萬噸 |
|------|------|------|
| | 肉類所需的飼料 | 868.9 萬噸 |
| | 進口量 | 305 萬噸 |
| | 自給率 | 45% |
| 2050 | 肉類消耗量（家禽、牛、豬、養殖魚、海洋魚） | 402.5 萬噸 |
| | 肉類所需的飼料 | 905.7 萬噸 |
| | 進口量 | 0 萬噸 |
| | 自給率 | 98%（仍需進口其他本地未產或不足的農產品） |

利用全台旱田（約 40 萬公頃）和休耕地（約 20 萬公頃）改種雜糧，透過保證價格收購，預定每年可得 320 萬公噸雜糧，再加稻田轉作，以及鼓勵人民多食米飯、米製品來替代麵食，若由現在每人每年消耗 50 公斤白米，到 2050 年爲 65 公斤的話，雜糧幾乎可自給。

農民自訂契約後，可向農民銀行預支 30% 貸款（低利）購買種子、肥料等生產費用。農具公司所供給項目，農民以

會員低價取得。契約內的作物一律投保，若有毀損，公司可即時處理。

## 第二象限　農業作物

**1. 農糧**

糧食（稻作）：以宜、花東、高屏、嘉南、彰化為主。

雜糧：（玉米、大豆、小麥、高粱）：以雲嘉南、澎湖為主。

**2. 蔬果**

蔬菜（菜、瓜、豆、菇）：全台。

水果（香蕉、芭樂、鳳梨、芒果、木瓜、蓮霧）：全台。

花卉（蘭、菊、應時、庭園）：彰、桃、苗、投和台南為主。

特殊作物（茶、咖啡）：北、桃、竹、苗、雲為主。

**3. 畜產**

家禽：全台

畜牧（牛、羊、豬）：台糖、全台

**4. 漁業**

養殖（魚、蝦、貝）：以高、花、澎、雲、嘉、彰、屏為主。

海洋（沿岸近海遠洋）：以宜、基、北、竹、高、屏、花東、澎為主。

- 生產足夠基本民生食糧、畜產及蔬果之品種與數量，供應國內市場所需。

- 繼續鼓勵毛豬、養殖漁類（如鰻、台灣鯛、石斑等）和水果（桶柑、香蕉、鳳梨、芒果、荔枝、木瓜等）外銷。
- 依各地的微氣候、季節、土壤良劣，可作單穫、二穫、三穫、多穫，因地制宜。農地較大者多鼓勵稻作，邊際地或零碎地多鼓勵精耕（園藝作物或蔬菜）。

　　**台灣應當大力發展有機農業**。從農業永續經營的角度來看，有機農業是最好的耕作方式。但是台灣的有機農業生產成本高、經營規模小，整體環境不利有機生產。農產品品質雖優良，但價格不具國際競爭力。為確保農業的永續發展，我們應該透過立法，採行各項農業政策措施，以高額的境內支持與出口補貼等措施，保護農業部門，降低貿易自由化的衝擊。

　　我們每天有 560 萬人在校園生活，如果將有機理念應用在校園的整治，讓學生從生活中學習到有機農業「健康、生態、公平與關懷」四大原則的重要性，是最有效的教育方式，也是最好的生活方式。這 560 萬師生再將這些理念帶回家庭，就可以影響全國人民，有機國家的理想就有機會實現。

　　讓學校教職員工及學生自己種菜自己吃，校內禁止販售有添加物的食品，校園採有機整治，不用除草劑、不噴農藥，上班上課改騎腳踏車。

## 第三象限 農業產區

生產專區、科技區，以耕作（Farming）和研發（R&D）為主。

- 北區（溫帶作物為主）：宜、桃、竹、北北基為主。

溫帶作物的獼猴桃，也就是大家熟知的奇異果。（圖／作者提供）

- 中區（副熱帶作物為主）：苗、中、投、彰、雲、澎為主。

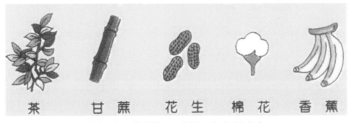

茶　甘蔗　花生　棉花　香蕉

適合副熱帶作物。（圖／作者提供）

- 南區（熱帶作物為主）：嘉、南、高、屏為主。

椰子、木瓜。（圖／作者提供）

- 東區（溫、熱帶混合作物為主）：花東為主。

釋迦、西瓜。（圖／作者提供）

- 高山區（寒冷作物為主）：原住民自治區為主。

高冷蔬菜：藜麥或紅藜。（圖／作者提供）

## 科技區（農業科技園區、農業生物科技園區）

- 農業科技園區（Agrotechnology Parks）：生產畜產、蛋、牛乳、水果、蔬菜、蘭花、觀賞或食用植物、觀賞魚、水生及水邊植物、飼養犬、禽。

台南後壁蘭花生物科技園區。（圖／作者提供）

- 農業生物科技園區（Agri-Bio Parks）：生產動物疫苗、生物應用品、動植物疫病試劑、抗病、蟲害、生化除草劑。

屏東之寶：農業生物科技園區。（圖／作者提供）

- 國土保育區（林業：造林、護林、水土保持、樹農）：
  原住民自治區爲主。

樹農耕作紙漿樹木的矮樹叢。（圖／作者提供）

　　農業產區著重專業區、生態和環境爲主。依地理特性，
盡量劃分產業專區，並由生產者組成專業農組合，以替代目
前的農會。專業區以耕作爲主，科技區以研發爲主。儘採精
耕、有機操作，充分利用專區經營特色。

　　林業另列入國土保育部分，由新成立原住民自治區（納
入全台山地鄉鎮）經營。

### 第四象限　農村

　　我們懷念農村，保留人性中的情境，包括大自然的情
境，日常生活的節奏，以及人與人的互動模式。

休閒農場：67 處；觀光農場：120 處；社區：4,000 農漁村。

農宅及農田。（圖／作者提供）

　　農村應以提高生活品質及公共設施（**文化及教育**）為主。將目前老年津貼、農民健康保險，以及其他福利津貼或補助，全納入全民的國民福利金（公保、軍保、勞保、農保及國民年金，全納入新的一條鞭之國民福利金）給付。

　　**以逆向抵押貸款（Reverse Mortgage）政策，即以住屋、田園養老，解決農舍、農地問題。**

　　目前各鄉鎮的農會，應該取消重組，成為新成立各公司的分店或專業農會。

　　農民所有農作物應保險，保額之多寡全由農民決定、自付，最高額不得超過 80%。若有重大災害，如全毀，保額不足部分由政府或農業基金補助，以確保農村安定繁榮。

農漁村設立優質的育嬰、托兒、照顧老幼場所，加強教育與文化之提升、普及。

社區應產學合作，以加強就業機會。

## 政府角色：督導、協調、食品安全、平價、政策釐訂、研發

- 督導：各公司營運、公司經理之甄選、任聘。
- 協調：各公司間的協調運作，及與政府各部門之協調。
- 食品安全：對穀類、蔬果、肉類、魚貨及蛋類，以及進口食品之安全把關。
- 平價：對各公司提出的物價分析報告及調價要求，由平價委員會裁決。
- 政策釐訂：依國際全球化的準則，釐訂國內相關的農業政策。
- 研發：統辦農研機構。

## 發展農產加值和美食產業

台灣確實該發展自產農業以及農產加值、認證、包裝，創造十幾億華人的食品加工產業。

目前台灣從事農業人口在 5% 左右，今後裁撤的公務人員將投入農業行列，我們將有認證的有機農產，如雞蛋、牛奶、牛肉、豬肉、羊肉、海鮮、蔬菜、水果，不僅要降低農

業進口依賴度，而且當外銷的自產產業。紐西蘭、荷蘭、丹麥能，為什麼台灣不能？

　　台灣要走的是精耕的園藝式，不是美國大規模的粗放農耕，所以投入的資本與人力不同。人力規劃好，勞力市場健全，誰說台灣沒有明天？農產附加價值和獲利率，都會比高科技產業高，因高科技原料和機器（生產工具）都依賴進口。

享譽國際的台灣之台北美食：鼎泰豐（101旗艦店）。（圖／作者提供）

## 讓台豬出口

　　設立養豬專區：目前養豬是污染環境（尤其是水污染）的事業。

　　首先園區設立污水廠，集中處理各養豬戶的穢物。讓豬糞養成沼氣發電，電力可供園區使用；沖洗豬隻、廠房等污水，經污水處理，循環再用；豬隻排放的尿水，經處理、殺菌成為薯、稻田的肥料。維持乾爽環境，讓豬隻健康成長，嚴防口蹄疫等病疫發生，一定可以供應出健康、安全、上等的豬肉。

　　園區除了養豬戶進駐外，飼料、宰殺、冷凍、加工製造（如鹹肉、香腸、肉乾、肉鬆等）相關企業也可進駐，維持一貫作業。另外，園區提供服務，獸醫、育種、檢疫、肉質檢驗、海關等人員進駐。由豬隻宰殺到成品受驗、出關，在2小時內完成。如在屏東機場附近的話，可保證2小時內保鮮送出國內外。

鮮肉出售櫃台。（圖／作者提供）

# 工商並重

## 續延科技產業，加強競爭力

科學技術在人類文明發展中發揮了強勁的作用，而科技產業不僅是國家經濟發展的巨大原動力，更是國家乃至世界產業結構和發展方向的決定因素。隨著科學技術的快速發展和全球化時代的到來，科學技術的國際競爭日趨激烈。以發展高科技為基石，謀求本國的經濟發展和綜合國力的增強，已成為世界各國政府的共識。

過去幾十年來，由於全球科技發展的推陳出新，使原本就容易受政治影響的科技政策，口號新穎，趕得上時代潮流趨勢，但本質上常是新瓶裝舊酒、萬變不離其宗的政策延續性。不論亞洲矽谷、國防產業、智慧機械、生技醫藥、循環經濟、綠能科技以及新農業；再加資訊及數位、資安卓越、台灣精準健康、國防及戰略、綠電及再生能源，以及民生及戰備等措施，都有待進展。

高科技產業過去一向是台灣製造業發展的主力，但近來受到國際市場疲弱以及新興國家崛起的影響，發展日益受到挑戰。因此，新政府應持續加強企業對關鍵技術的掌握，加強人才的培育與引進，提高產業的附加價值，協助高科技產

業突破現有發展模式的瓶頸，同時發展新興科技，讓新的應用與商業模式成為新的驅動力量，如此高科技產業才能持續作為帶領台灣經濟成長最主要的動能。

事實上，回顧 20 年前「兩兆雙星」的科技政策，半導體與影像顯示，以及數位內容和生物技術，這些科技產業所經歷之時間洗禮，一步一腳印的市場淬煉，猶歷歷在目。過去台灣高科技產業發展相當成功，台灣不僅成為**全球電子、資訊和通訊**等高科技產品的研發、製造與營運的重鎮，多項產品的市場占有率也是世界第一。尤其是**半導體、面板**業執世界牛耳地位。

## 力促科技匯流與整合

由於高齡化、都市化、氣候暖化、研發創新國際化，造成台灣產業危機。人口結構老化主要因素來自於生育率的降低。從生產面上來考量，少子化對生產最直接的衝擊來自於勞動力的下降，未來勞動力趨於短缺，進而對生產造成影響。社會逐漸朝高齡化發展，帶動安養設施、醫療照顧等社會需求，亦帶給企業很大的商機。因此，健康意識抬頭，促進**生物科技、健康食品、醫療服務產業**的蓬勃發展，另在追求健康生活的考量下，以關懷社會大眾健康及安全為出發點的環保產業亦逐漸受到重視。

地球暖化，使區域均衡及資源永續的難題亟需克服。它

所造成的全球氣候異常現象，正威脅著世界的安全，所引發海水溫度升高、海平面上升，甚至是國土流失等新型態環境安全問題，使環保及替代能源議題持續加溫。以科技加值來協助產業智慧升級，**未來 AI 人工智慧**可藉由模擬人類思考，協助人類將事情做得更完善。

研發創新國際化的趨勢下，積極發展全球前瞻關鍵產品，即結合台灣既有創新及研發優勢，發展符合全球前瞻關鍵產品應用及服務。

因此，科技匯流與整合，平面或垂直的，已刻不容緩。未來重要的產業與技術發展方向，包括 4C、5C 整合的資訊電子產業、生物技術、奈米技術應用相關產業等。

## 重整工業區與科學園區

**工業區和科學園區同屬一個單位管轄，同享資源。**將目前經濟部管轄的工業區，與科技部的科學園區合併。重整工業區的區位，使其專業化或綜合化，成為中小型企業生產重鎮。

**做好完善的基礎建設，**基礎建設為發展所有產業的根本，而台灣的基礎建設不是缺乏，就是品質不良，嚴重阻礙產業的發展。今後，高科技和一般產業的製造、人才以及技術，同享資源和獎勵優惠。一併**解決「缺水」、「缺電」、「污染」**等嚴肅的重大課題。

園區內的產業，唯一的差異是融資問題。投資額與繳稅比率之高低，是定奪融資優惠待遇的首要條件。

## 未來工業發展方向

有為的政府應有遠見，以下舉出台灣未來值得發展的工業方向：

- **綠能產業**：近年來由於地球暖化問題日趨嚴重，以及油價高漲，導致發展綠能產業成為最熱門的趨勢，積極發展再生能源設備。延續台灣的發光二極體（LED）、太陽能、風力發電及高效能電池等產業，除了原有的 LED 與太陽能之外，還有電動汽機車、智慧電網與綠建材等**綠能產業**，亦值得大力推動。

- **醫療照護產業**：根據資策會估計，至 2050 年台灣步入了超高齡社會，而且不只台灣，有超過半數的亞洲國家都將邁入超高齡社會，相關產業的商機相當可觀。我們應重視此一趨勢，積極發展醫療照護產業。

- **智慧型自動化**：智慧型自動化產品與設備、智慧型機器人以及自動化工程技術服務；高附加價值金屬材料：先進高強度鋼、軸承鋼、電磁鋼片、高品級節鎳不銹鋼、高反射率鋁合金及光電 / 半導體 / 綠能產業用金屬材料。

- **資訊電子工業**：雲端運算：智慧生活科技；節能照明；

　　智慧手持裝置：3D 顯示、4G 寬頻、多元感測、多媒
體應用；高值化智慧電子；光電材。

- **民生工業**：優質機能食品；高科技紡織：節能減碳染整、
多功能機能性紡織品、活化聚落型紡織；水再生利用。

## 未來商業發展重點

- **健全物聯網的發展**：主軸鎖定「物聯網商機」、「創
新生態系」，打造台灣物聯網研發重鎮。同時，成立
智慧交通、智慧物流、智慧製造、智慧能效與環境監
控、智慧商業等重點。
- **觀光產業**：觀光旅遊業為無煙囪產業，又能帶動周邊
產業與增加大量的就業機會，係最值得發展的產業。
台灣擁有極佳的天然景觀與人文色彩，但觀光產值卻
遠不如相鄰的香港、新加坡，仍有相當大的發展空間。

　　台灣縱有發展觀光的條件，但缺乏整體包裝與規劃，導
致來台旅客反應不佳。因此，我們應全面檢討現有的觀光設
施與行程，開創出台灣獨有的觀光內容，如美食之旅、民俗
文化之旅、海上旅遊、美容醫療之旅，以及未來的觀光賭場
等，都是值得開發的領域。台灣醫療已達國際級的水準，費
用卻遠低於歐美先進國家，故我們可將**醫療與觀光結合**，吸
引外國人來台進行醫療行為，並於醫療後在觀光勝地調養。

# 發展自主能源

## 台電不輕易放棄傳統發電

台灣自日治時代以來，發電方式就採集中式、壟斷性經營，大型發電、大量供電、獨占性的配電系統，要打破頑強的傳統風格，保守的思維和作風，實非易事。

本人自反核一建廠，到現在的反核四，一直聽到台電墨守成規的說：再生能源密度小、用地大、太貴了。他們一直瞧不起再生能源，因為就供電安全方面而言，風力發電受風力影響，太陽光電受日照影響，皆無法配合穩定供應電力的用電需求，難以替代**基載電廠**。

## 缺電怎麼辦？以節流來創造餘電

- 管理電力不外是「開源節流」。
- 「節流」政策，應包含「節約用電」和「提高能源效率」。
- 省電是最可靠的電源，且電費不會上漲。
- 透過獎勵、低利貸款或退還費用等配套措施，可達成汰舊換新、提高能源效率的目標。

　　我們要針對的節流主要對象及項目如下：

　　以 2019 年為例，全台發電發量（包括台電公司自產，加上購自民間）共 2,652 億度，其用電量比例（消耗比例）如下：

工業：1,476 億度，占 56%；

服務：467 億度，占 18%；

住宅：472 億度，占 18%；

自用：192 億度，占 7%（能源部部門自用）；

（農業、運輸各占 1%）

## 節流目標（二年內）

- **工業用電部門**：至少省 10%（147 億度）

A. 更換工業照明及工業馬達（新式馬達、幫浦和照明等，可省去將近一半用電量）：工業用電占全台用電量 56% 以上，而工業照明使用將近 20% 至 25% 的工業用電。政府應低利貸款讓工業更換效率更高的照明和用電設備。這項是節流主要著手處，改進生產工具用電量，非但能節能減碳，而且能提高生產力。

B. 加強改變產業結構：鼓勵耗電工業，如煉鋼、煉鋁、水泥、石化、紡織等產業，自設汽電共生發電或改用綠能，否則遞減其生產量，以節省電力。

- **服務用電部門（商業用電部門）**：至少省 10%（46 億度）

A. 百貨公司及商業大樓是最浪費冷氣的所在，所以都應使用封閉式空調，分離進出口，且每一出入口都設有兩重門，以便收吸外面的熱氣和收回室內冷氣。利用收吸外面的熱氣，若再使用預先蒸發，然後結冰，再利用此冷氣循環，這樣室內空調電力可能省下一半。而收回外流冷氣更可省電。政府速訂獎勵辦法，更新百貨公司及商業大樓的進出口，這比午休、穿拖鞋、短褲或襯衫等休閒方式上班的節能會更有效。

B. 房內使用能源系統，如全年及尖峰所需的空調、熱水及抽風，都要正確評估及規定。根據研究，封閉不良的室內空調，會有 20% 至 30% 過熱，潮濕的空氣會滲入室內，因而浪費電力。若使用預先蒸發、儲冷式冷卻空調、太陽能吸收空調、海水空調等，都可降低電力使用。

C. 建造省能源的建築：新建或更新的建築，應著重房子結構的改進，包括高度絕緣的牆壁和天花板，熱反射的屋頂和外牆，都要能符合能源效率。

進口設旋轉門，阻止外面熱氣進入；出口設有兩重門，內門開啟（外門未開）時，收回室內冷氣。（圖／作者提供）

- **住宅用電部門**：至少省 5%（24 億度）

A. 鼓勵消費者可在尖峰時段冷氣開小一點或冷氣設定溫度提高一些，或每小時只供 45 分或更短電力（如在用電最多時段，1-3pm，每小時供 20 分，停 10 分，再供 25 分，停 5 分，分區輪流供停）；或在屋頂漆白色或灑水或使用遮陽板或綠化，來減少陽光照射降低室溫；或先除濕再冷卻。只要有獎勵，消費者就會想出更多省電方法來降低尖峰用電量。如此一來便可短暫性化解尖峰用電危機。

B. 繼續更換家用電器：過去雖有推行更新，可再繼續汰舊換新。新式洗衣機、烘乾機、洗碗機、鍋爐、空

調、電冰箱、烤麵包機、電熨斗等電器,以及燈泡,
都能符合省電標準,尤其以家庭電冰箱和空調,改進
最多。這些家用電器都值得獎勵更換。

C.鼓勵住宅多種樹遮蔽,或裝置太陽能板,以省空調用
電,並美化環境,減少空中 $CO_2$ 含量及淨化空氣。

- **能源自用用電部門**:至少省 10%(19 億度)

電力生產者(**台電公司**)應提高現存設備利用率或更新
設備,如增加複循環機組替代現有的氣力機、妥善安排裝置
機組檢修、縮短檢修日程、增建汽電共生機組、減少輸、
變、配電的電力損失量等,以提高發電量。

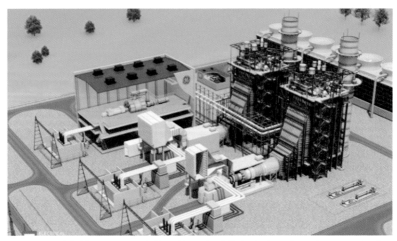

複循環天然氣機組,比一般傳統機組發電效率高出一倍,達68%。(圖/
Wikimedia)

以上最保守節流（最低估），估計可省下 236 億度（147 ＋ 46 ＋ 24 ＋ 19），非但可抵銷核一、核二全台供應量（2016 年是 99.352 億度，以 100 億度計），而且還有 136 億度剩餘量，供新增之需。若合理估計（省 15%）的話，應可省下 354 億度，就連核三廠也可關掉（205 億度），兩三年內不須建新廠，就可達到非核家園的目標。

## 台灣自主能源：再生能源

目前再生能源技術的成本，也是遠遠超過傳統的化石燃料發電。因為它是一種新技術，因此需要極大的資本成本。所以，我們將採最新技術，開闢新電源大型發電、大量供電的**基載電源（廠）**。

台灣最具潛力的自主能源是**再生能源，尤其是地熱和海洋發電**。

## 開發台灣地熱

台灣地處太平洋火山環帶，初步評估全國的地熱發電潛能約達 **32GW**，包含 1000MW 的淺層地熱與 31GW（豐宇公司估 160GW）的深層地熱，相當於 10 座核四廠的發電量。地熱發電擁有穩定的供應能力，是可以當作基載電力的再生能源。

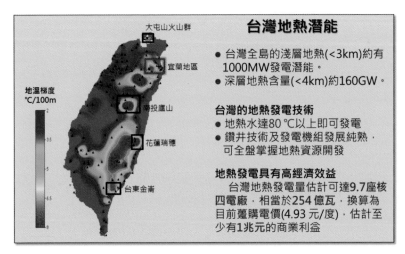

台灣地熱潛能圖。（圖／豐宇公司）

　　地熱發電依深度可以分爲淺層地熱和深層地熱。淺層地熱是在地下深度 3 公里內，利用地熱的熱水與蒸氣來發電。淺層地熱的鑽探成本比較低，可是有地質條件的限制，需要有多孔隙的岩層來讓水流動。

　　深層地熱發電則是利用深度超過 3 公里的深層地熱，可以在地溫梯度（一般地溫梯度 30℃／km）高地區進行發電，利用地底高溫將注入的冷水加熱後，再以生產井將熱水產出，使用蒸氣進行發電。

## 開發深層地熱

近年來由於鑽鑿技術與材料、人工製造裂隙技術及量測

技術的提升，開發深度可達 3,000 公尺以上之高溫岩體熱能，已逐漸成為可行之技術。

　　**宜蘭地區與大屯火山的深層資源 3,000 至 5,000 公尺，**皆具有 GW 級的發電潛能。

　　新近利用天然燒開水的茶壺原理，CEEG（Comprehensive Extraction of Gigantic Energy from Geothermal and Geo-Plutonic renewable resources）係為**複合式地熱能源淬取系統**，又稱閉迴路線乾岩能量收集系統或閉迴路熱量收集系統（Complex Energy Extraction from Geothermal resource, CEEG）。

## 大鑽頭及操作技術

　　以大鑽頭及操作技術，向地層灌注能高度傳輸的深井管壁，在完全封閉系統內，循環傳遞熱量。

　　CEEG 技術的最上端是超級雛菊式鑽井（Super Daisy Shaft, SDS）鑽掘至 1,000 公尺深。以鋼筋混凝土井牆保護直徑 1.6 公尺井管，主要功能是在井管通過地表沉積層土壤時，

直立式大鑽頭實體照。
（圖／Wikimedia）

防止井牆崩塌及地下水流入井內，供作後續**噴射刺針（Jet Stinger）**叢井鑽掘之上部井孔，並作為地熱井迴圈水套管的上部固定井架。SDS1.6M 大口徑井主要在沉積層土壤使用，至基岩面停止。

### CEEG 系統

CEEG 系統一樣將管線鑽掘至深層地層，不過是封閉管路。

GEEG 的管路設計為同軸內外雙管，就像在**吸養樂多用的小吸管外再套一根喝珍珠奶茶的大吸管。**冷水從外管往下流至地底，加熱至數百度高溫後，再由內管返回地表。

由於 GEEG 水的循環都在封閉的管線中，不會有誘發地震、結垢與用水

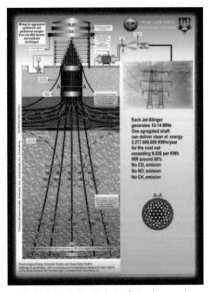

複合式地熱能源淬取系統（CEEG）
（圖／Wikimedia）

流失的問題。因為是閉迴路系統，對地層結構及地下水體干擾較小。而且因為**灌注井與生產井合為同一條管線，**所需挖井個數至少減半，可大幅降低 GEEG 發電的成本。

## 積極開發海洋能源

海洋流動的電流功率是一種海洋能源。雖然在目前不被廣泛應用，但未來是具有重要潛力的電源。海流比風能和太陽能發電更可預知，所以，不同於大多數其他再生能源，未來供應能源是可以預知和計畫。

動能的海流可以像風力風電機組，使用各種類型的開放轉換器，從海提取能量。雖然洋流與典型的風速慢慢地移動，但由於水的密度大，它攜帶了大量的能源。**水的密度比空氣大 800 倍。因此對於相同的表面區域，每小時移動 12 英里的流水，等於 110 英里／小時的風力。**

若以海流能發電，其優點眾多，例如**不須花錢買能源、將可 24 小時連續供電、不怕原料缺乏、無環境污染與土地問題，**加之容易操作（僅需少數人員即可操作），因此以環境永續的觀點視之，海流能十分具有吸引力。以台灣四面環海、海洋面積廣大、海流運動充沛的特色觀之，台灣十分具有發展海流發電之潛力。

### 離岸風力發電（offshore wind farms）：台灣發展迅速的海洋能源

動能的海流可以像風力風電機組，使用各種類型的開放轉換器，從海提取能量。

離岸風力發電機。（圖／Wikimedia）

**優點**：海上風電速度往往要比在陸地上快。小風速的增加大幅提升能源產量：渦輪在每小時 15 英里風速，比在 12 英里風渦輪產生多兩倍的能量。更快的離岸風速，意謂可以生成更多的能量。離岸風速比在陸地上趨於穩定。風的穩定供應，意味著一個更可靠的能源來源。許多沿海地區有很高的能量需求。

離岸風力電場和陸上風電場有很多相同的優勢：它們提供再生能源；它們不會占用水；它們提供國內能源來源；它們創造就業機會；它們不會排放環境污染物或溫室氣體。

**缺點**：離岸風力電場既昂貴，又難以建立和維護。特別

是它很難建立穩健和安全的風力發電場，深及約200英尺（～60公尺）或超過半個足球場的長度。

波浪作用甚至是大風，特別是暴雨和颶風，可能會損壞風力渦輪機；生產和安裝海底電纜輸電回陸地是非常昂貴的；海上風電場對海洋動物和鳥類的影響還不完全清楚；海上風電場建在數英里遠的海岸線（**達26英里離岸，取決於視野條件**）視覺上可能不受當地居民歡迎和可能影響旅遊業和財產價值。

離岸風力發電和潮汐能源設施力量是風和海洋，我們可

混合風、海流發電系統（hybrid wind-current power generating system）。
（圖／Wikimedia）

以一箭雙鵰，在同個任務上共用同一單獨的渦輪機。日本三井公司正在開發混合風海流發電系統，結合垂直軸風力與從洋流發電的水下渦輪的浮動。這項聰明的裝置會減少材料浪費，而可能比傳統的風力渦輪機產生兩倍多能源。

如果 A 是 1,000 m2，v 是 2 m/s，計算功率是 2.4 MW。若電流被開發，v 的三次冪（方）演示強大洋流渦輪機的優勢裝置地區。如水的密度大約是空氣的 800 倍，在相同的掃掠面積上，洋流只要每秒 1 公尺，風卻要每秒 9 公尺，才可以產生同等的電力。

## 黑潮（Kuroshiro）可能賜給台灣藍金能源

台灣鄰近海域的海流主要是以西岸的台灣海峽海流及東岸的黑潮洋流所組成。以接近表層（水下 20 公尺）的海流為例，平均的流向主要是以東北流為主，流速也都超過 50 cm/s，但是有相當明顯的季節性與空間的變化，尤其是西岸台灣海峽內的海流。不過位於東岸的黑潮洋流其季節性變化則相對較低且流速較強，洋流經過的海底水深也甚深，為較適合進行海流發電的場址。

1. 黑潮源於北赤道海流，沿菲東岸北流至台灣東部；
2. 黑潮於台灣東岸流幅寬約 100 餘公里，流速約 1 m/s；
3. 黑潮影響深度淺於 1,000 公尺；

4. 黑潮北流至宜蘭外海，受海脊阻擋，分二支，主流東
轉沿琉球島弧北流，分支直接越過海脊沿台灣東岸北
流。

**黑潮以流速強、流幅窄和厚度大而著稱**。根據美國海軍
記錄，黑潮移動大約每小時 3 英里（1.33 公尺／秒）。

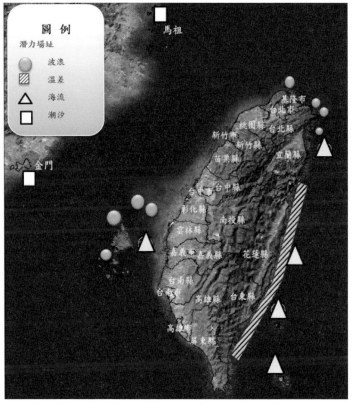

台灣海洋發電潛力場址。（圖／作者提供）

50kW洋流能單元發電測試：
2016年8月報導，台灣首座在
水深900公尺建置的深海繫泊
系統與浮式平台，於黑潮主
流進行50kW洋流能單元發電
機測試，並得到在每秒1.27公
尺流速下，平均發電功率為
26.31kW，在洋流能發電技術
取得國際領先地位。（中山大
學行政副校長陳陽益教授主持
的黑潮發電計畫，創造三個世
界第一，獨步全球。）（圖／
作者提供）

2017年8月25日，於日本鹿
兒島縣（Kagoshima）口野島
（Kuchino-shima island）的海岸，
証實100千瓦級（100kW）水
下浮動海流發電系統成功。
（圖／作者提供）

　　日本東芝公司提供錨定到海底，像一隻風箏由海洋浮游
進行驅動電流的風箏式技術。這種風箏式比傳統渦輪機，證
明可能更加靈活和易於裝置部署，維護成本也更低。

　　在深水中安裝，它使我們能夠構建由許多數量發電機組
成的一個大型能源農場。這樣的一個大型能源農場建設能有
效地減少輸電到土地面積與總功率傳輸費用。由於系統將安
裝在海洋中，它可以在深度裡操作，能穩定而不受海浪水流
影響，也不會干預船舶航行。此外，該系統可以由簡單的繫
泊支撐設備，很容易安裝，這將有助於降低成本。為維護，
必要時可以鋪在通過控制方向和浮力的浮體中進行。因此，
可以很容易進行保養和維修工作。

風箏式比傳統渦輪機，證明可能更加靈活和易於裝置部署，維護成本也更
低。（圖／Wikimedia）

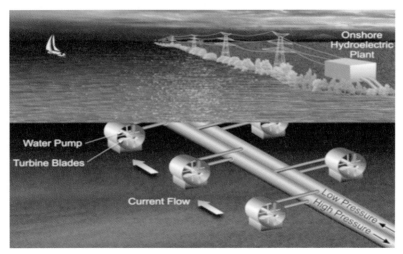

宜蘭龜山島或台東三仙台均可在陸上建立類似平台吊掛式，吊掛三層（50、
100和150公尺深）。（圖／Wikimedia）

## 利用洋流（黑潮）發電替代核電、火力發電

　　洋流是一種價廉永恆的水力資源。台灣附近黑潮流速每
秒將近 2 公尺，是一種豐富永續的資源。龜山島、綠島距離
黑潮流經地僅 1 公里（日本則 30 公里），台灣占據全球洋流
流經最佳位置。如果第一期開發龜山島附近的黑潮電力，用
電纜輸送到核四廠及核一、核二廠，可利用該地既有的輸配
設施（核電廠反應爐全關閉）。

　　第二期開發綠島、蘭嶼的黑潮電力，輸往核三廠，估計
全部開發出來的電力，比中國長江三峽所產的水電還多，這
不僅可以關閉四個核電廠，而且還有足夠的電力用為全台車

輛的動力，可早日促成全台交通（鐵、公路）全面電氣化。這個方案的施行，除可大量減碳外，還可降低目前電費至少三分之一以上，因為電力沒有燃料成本。

根據研究：1998 年 4 月下旬與 1999 年 6 月下旬於蘇澳、綠島與蘭嶼三個探測海域之斷面，蘇澳以東的黑潮平均有 3.3 GW 及 1.35 GW 的總蘊藏能量為最高；其次是綠島海域的南北兩斷面共 1.1 GW 及 0.44 GW；最少的是蘭嶼附近海域，總蘊藏能量為 0.87 GW 及 0.23 GW。由此可知黑潮之能量蘊藏豐沛。台灣可望成為全球第一個有大型海洋發電能力的國家。

台大陳發林教授表示，若綠島再加上蘭嶼間黑潮能，這6,000 平方公里區域內，若每平方公里布置 4 座潛浮式載台，估計每年可發電 1 兆 6,816 億度，而台灣一年所需發電量約3,600 億度（2021 年），即使是長江三峽大壩的年平均發電量更僅是 846 億度。換言之，黑潮能對台灣而言，未來若商業運轉，不僅核能發電可退役，火力發電也退居二線（備用電力），想像未來台灣不再排放大量二氧化碳，沒有幅射威脅，可洗刷台灣暖化速度是全球 2 倍的惡名（全球平均氣溫在 20 世紀上升 0.6 度，但台灣百年來平均上升 1.1 度）。宜蘭龜山島最接近黑潮，也位在大陸棚上，可利用核一、核二和核四的配電線系統，更優於綠島，應積極朝此發展。

**未來能源不是夢！**

不是夢!深植海底,形成能源農場。(圖/Wikimedia)

## 調整經貿策略

全球布局與經貿:**「為先進國加工,為後進國製造」**這是今後經貿發展的準則。

沒有厚植的經濟潛力和精進科學教育基礎,要與先進國並駕齊驅,非常吃力。不如輕鬆點加工就行,這樣就能保持實力,不致落後,最後仍有衝刺機會。將先進國家成功的經驗引進台灣,這是不能放棄的。

**以後進國家為主要貿易對象,對外投資集中在後進國家。**但我們要盡全力製造自己品牌,強攻後進國的市場,作為他們開發的良伴。菲律賓、印尼、越南和緬甸是重要的伙伴。新進外籍新娘的第二代,則是我們前進這些地區的生力軍,應善加培育輔導。

# 加強區域貿易整合

　　洽簽自由貿易協定可透過消除關稅壁壘與非關稅障礙，進而促進貿易成長；相對的，自由貿易也可能使敏感性產業受損，導致大量失業率，更可能擴大貧富差距。因此，追求經濟發展的同時，也要考量社會發展的需求。但是，台灣對外貿易依存度非常高，透過自由貿易協定融入區域經濟整合，是台灣尋求永續發展的重要選項，更是現階段政府整體最重要政策。然而，我們目前洽簽的國家數及達到的貿易涵蓋率均明顯不足，除了喪失出口產品競爭力外，也將面臨邊緣化與產業空洞化。正名制憲後的台灣，可望疏解外交與貿易的困境。

　　經由 FTA 協定所進行的跨國貿易，已超過全球貿易總額的 50%。區域經濟的整合又以亞太地區整合進展最為明顯，以全球 GDP 比重而言，中日韓 FTA 將占全球 22%，以東協為基礎的 RCEP 將占 29%，包括我們重要貿易夥伴在內的 TPP 將占 40%，在區域間相互解除貿易障礙同時，如台灣被排除在外，將對依賴貿易甚深的台灣帶來很大的衝擊。

## 東南亞國協

　　東南亞國協（Association of Southeast Asian Nations，簡稱東協 ASEAN）係於 1967 年由印尼、馬來西亞、菲律賓、新加坡和泰國以促進政治經濟合作和地區穩定為宗旨所共同

成立。汶萊、越南、寮國及緬甸、柬埔寨，也於 1984 年、
1995 年、1997 年和 1999 年分別加入。2014 年東協 6 國（泰、
馬、新、印、菲及越）與台貿易排第三，占 9.1%。

　　2010「東協 10+1」（指東協與中國、日本、韓國分別建
立自由貿易區，因此分別又稱「東協 10 ＋ 1」）的開展，乃
至未來「東協 10 ＋ 3」（指東南亞國家協會至西元 1999 年

東南亞國協圖。（圖／作者提供）

共有 10 個正式成員國，後東協與中國、日本、韓國間的經濟、文化、自由貿易等協商對談）的啟動，將衝擊台灣產業於東協市場和中國大陸市場的出口競爭力。

面對東亞區域各國對外經濟環境的改變所帶來新的挑戰，台灣有必要慎思在東亞區域之經貿戰略。目前政府南向政策，積極拓展。

## 跨太平洋夥伴協定（TPP）

美國退出 TPP 之後，餘下的 11 個成員國，藉 APEC 聚首的機會商討 TPP 未來。由 APEC 主辦方越南與 TPP 主導國日本代表 TPP 成員，發布一份最終聲明，共同宣布 TPP 將納入包容性（comprehensive）概念，改名為「**跨太平洋夥伴包容與全面進展協定**（the Comprehensive and Progressive Agreement for Trans-Pacific Partnership, CPTTP）」。

越南與日本在 APEC 召開共同記者會，發表「TPP 部長級聲明」。聲明指出，澳大利亞、紐西蘭、汶萊、加拿大、智利、日本、馬來西亞、墨西哥、秘魯、新加坡和越南再次確認 2016 年 2 月簽署之 TPP 協議的結論與其戰略和經濟意義。

2012 年 TPP 11 個成員國占我國貿易總額 23.43%，若以 TPP 12（含日本）計算，占我國貿易總額將提高至 40.10%，對我貿易將具有非常大的影響。

The-TPP。（圖／Wikimedia）

## 區域全面經濟夥伴協定（RCEP）

　　區域全面經濟夥伴關係（Regional Comprehensive Economic Partnership, RCEP）是東協 10 個會員國和它的 6 個自由貿易協定夥伴（澳大利亞、中國、印度、日本、韓國和紐西蘭）組成的自由貿易協定（FTA），在 2015 年底完成談判，2020 年 11 月 15 日簽署。東協對於這個多邊貿易協定具有主導地位，在聯合聲明更重申「東協中心性」在此區域經濟結構的重要性。

　　東盟與中國、日本、韓國、澳洲、紐西蘭等合共 15 個國家，於 11 月 15 日簽署《區域全面經濟夥伴關係協定》

（RCEP），將以撤銷 91% 貨品的關稅爲最終目標，成爲全球最大自貿區。RCEP 完成簽署後，接下來各簽約國啓動國內批准程序，最終需獲得東盟至少 6 個成員國，以及非東盟 5 國中的 3 個成員完成國內批准程序，RCEP 始能生效。市場預估正式生效時間，約在 2021 年下半年或 2022 年初。

目前 RCEP 成員國占台灣出口比重達 59%，占台灣對外投資比重達 65%。台灣受限於中國關係等複雜因素，暫時無法參與 RCEP。RCEP 的成員國，均爲台灣的重要貿易夥伴，因此，協定對台灣產業的競爭力構成巨大挑戰。

台灣多個產業協會建議，台灣應更積極參與區域經濟整合，即使短期無法加入 RCEP，也應嘗試與個別國家簽署「經濟合作協定」（ECA），化解 RCEP 對台灣產業的衝擊。

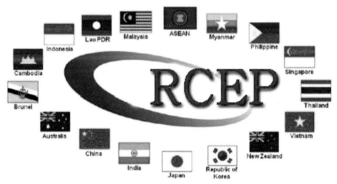

Regional Comprehensive Economic Partnership。（圖／作者提供）

## 拓展印度中東市場

　　有鑑於台灣傳統市場的拓展空間逐漸縮小，亟需開發具有潛力的新興市場，而中東經濟快速興起、內需市場可期，又被政府列為重點開發市場之一，但相關資訊較為缺乏，值得進一步研究。對台灣而言，中東是較為陌生的地區，不僅交通距離造成阻礙，文化背景不同也容易產生誤解，但若能隔著面紗與之和平相處，瞭解並尊重其傳統價值觀，選擇適

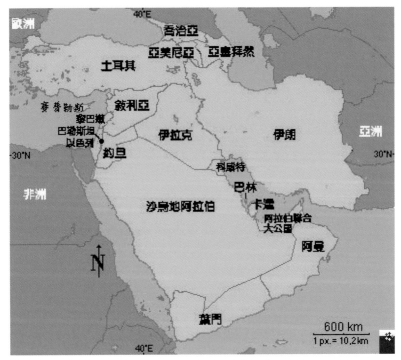

中東市場。（圖／作者提供）

合的區塊強化經貿往來，或可彌補部分傳統市場拓展空間日益壓縮下所遺留的成長缺口，創造出與過往迥然不同的另類商機。

透過自由化和全球化提升競爭力是台灣經濟成長的關鍵。鞏固台美關係，超越台美關係參與太平洋聯盟與南亞區域合作聯盟，並善用 APEC 及 WTO 場域，以及促簽供應鏈協議。

## 促簽供應鏈協議（Supply Chain Protocol, SCP）

「供應鏈協議」是一種以議題或產品為導向進而提高供應鏈或價值鏈的方法，也是一種「貿易便捷化」的概念。

台灣的電子、資通訊、生化醫療及汽車零組件等產業，均為亞太區域供應鏈不可或缺的一環。台灣的半導體代工全球第一，LED 面板市占率全球第二，工具機產業出口量亦為全球第三，在汽車零組件如車燈等享有全球 8 成以上的市占率。基於政治困境而不易簽訂自由貿易協定，新政府將以簡易、務實與創新性的方式來因應現況，針對台商有實質利益的產品與投資國，促簽供應鏈協議。

## 致力產業升級與創新品牌管理

在全球化經濟與區域經濟整合的風潮下，為避免台灣產

業被迫外移，造成國內就業受到衝擊，政府除積極開拓國際經貿空間外，亦應致力產業結構升級與創新品牌管理，以便提升產品附加價值及國際競爭力。

在創新品牌方面，台商在中國大多仍以出口代工模式為主，反觀日、韓則以品牌行銷中國廣大內需市場為主。

以台商多為中小企業的體質，面對幅員遼闊的中國市場或其他區域，定位及策略上必須有「小而美」的概念。「小」代表在策略經營上，先站穩區域市場的競爭地位；「美」代表在產品定位上要以品牌區隔市場，並發揮台灣經理人豐富的行銷專長，建立起正確的區域通路。

台灣製造百分百Made in Taiwan。（圖／作者提供）

## 國營事業開放競爭

近年來，國際經貿情勢變化快速，各國在自由化、國際化之潮流趨勢下，均採行積極措施。以往公營事業長期受政府各項法令規章約束，改革步伐難以配合外在環境變遷，基於上述之時空背景，應將公營事業逐步民營化。

民營化政策目的，以較超然、宏觀角度，可整體適用各事業為原則，並應兼顧提升效率（**市場機能**）與公平均富（**政府角色**）。

新政府主張全面解放國營事業，開放自由競爭。例如中油、台電等獨占性的國營事業，應該開放民營化，分區域去經營，鼓勵自由競爭，提升效率，讓有限的資源得到有效的利用，這樣才能打好國家發展的基礎，並增加地方發展的能力。除台糖公司因掌有廣大土地資源，在國內土地面積有限，為爾後經濟發展、政府公共投資開發工業區以及其他重大建設，皆需其配合提供土地之考量下，決定繼續維持國營外，其餘各家事業均將陸續移轉民營。

台灣的國營事業應該解散，開放民間經營，才有競爭力。我們將開放全民認股（**每戶不超過 1%，分區抽籤入股方式，5 年更換一次**），**由民間股東組成董事會，雇請專業人士經營，所得一半捐給國家作公益建設（因具有獨占性），一半股東分享。**至於官辦民營者，另組委員會比照辦理（開放全

民認股，每戶不超過 1%，原持股者優先入股，但得 5 年更換一次）。

## 經濟部直接投資事業：

1. 中鋼公司（20.00%）
2. 台鹽公司（38.88%）
3. 唐榮公司（11.56%）
4. 台灣造船公司（33.57%）
5. 漢翔航空工業公司（40.07%）
6. 華擎機械公司（5.27%）

## 現行國營事業機構

1. 中央銀行
2. 中央造幣廠
3. 中央印製廠

## 財政部：

1. 台灣金融控股股份有限公司
2. 台灣土地銀行股份有限公司
3. 中國輸出入銀行
4. 台灣菸酒股份有限公司
5. 財政部印刷廠

**經濟部：**

1. 台灣電力股份有限公司
2. 台灣中油股份有限公司
3. 台灣糖業股份有限公司
4. 台灣自來水股份有限公司

**交通部：**

1. 中華郵政股份有限公司
2. 台灣鐵路管理局
3. 台灣港務股份有限公司
4. 桃園國際機場股份有限公司

**行政院金融監督管理委員會**：中央存款保險股份有限公司

　　過去國營會已完成中石化、中工、中鋼、台肥、中興紙業、台機、農工、台鹽、唐榮、台船及漢翔等 11 家公司民營化，乃當再開放。

## 重新審核財團法人、法人機構

　　財團法人為一具有法人資格的「財產的集合體」，由捐

助人捐助一定數額的財產，並經一定法定程序而成立之法人團體。財團法人的主要形式就是基金。財團法人之成立，必須以公益為目的。

監察院及審計部已在 2016 年 12 月提出調查報告，指**受中央政府捐助的財團法人達 158 個，基金規模有 2,579 億元**，但其中**政府捐助款占 80.41%，約是 2,073 億元；重點是，這些受到政府高額捐助的財團法人，預決算都不用送立法院審議，形同失控。**

## 財團法人機構

財團法人中，包括接收千億日產的台鐵福委會、台電福委會、台灣菸酒福委會等國營事業職工福委會、郵政協會、電信協會等。立法院曾要求交通部將郵協及電協資產回歸國庫並解散，不過交通部並沒有執行。

另外，政府捐助基金達 100% 的華欣文化事業中心、惠民醫療救濟基金會、台灣糖業協會、七星及瑠公農田水利會捐助成立的 6 家基金會，一樣都未受到主管機關的監督。

據了解，經濟部轄下共 41 個法人團體，未來將先從工研院、資策會、貿協、生技中心、車輛中心、紡織所、食品所、塑膠中心、自行車中心、鞋技中心、精機中心、船舶中心、金屬中心、印刷中心、藥技中心、石資中心等 16 個科研相關的單位先推行改革。

　　文化部主管之政府捐助基金累計超過50%之財團法人，計有財團法人國家文化藝術基金會、財團法人文化臺灣基金會（原名「臺灣省文化基金會」）、財團法人金門酒廠胡璉文化藝術基金會、財團法人臺灣博物館文教基金會、財團法人臺灣生活美學基金會、財團法人中法文化教育基金會、財團法人臺灣美術基金會、財團法人中央通訊社、財團法人中央廣播電臺、財團法人中華民國電影事業發展基金會、財團法人國家電影中心（原名「國家電影資料館」）、財團法人公共電視文化事業基金會，共計12家。

　　除臺灣美術基金會創立時由民間捐助成立外，其餘包括國家文化藝術基金會等11家財團法人，均由政府捐助成立，其中金門酒廠胡璉文化藝術基金會，由金門縣政府之事業機構金門酒廠實業股份有限公司捐助成立。總計12家財團法人捐助之創立基金總額約33億7,233萬7,000元。

　　文化部主管之12家政府捐助財團法人中，政府捐助金額比例累計達100%者，分別有文化臺灣基金會、中法文化教育基金會、金門酒廠胡璉文化藝術基金會、中央廣播電臺、公共電視文化事業基金會、國家電影中心及中央通訊社等7家，另國家文化藝術基金會為99.94%，臺灣生活美學基金會為99.35%，中華民國電影事業發展基金會達80%，臺灣博物館文教基金會達85.47%，及臺灣美術基金會達88.44%。

## 財團法人機構的詬病

長期下來，許多政府捐助的財團法人早已變調，不僅規避監督、與民爭利，淪為人事酬庸的溫床，甚至落入私人口袋。

財團法人機構**「有著一切公家機關、公務員的福利」**、**「卻沒有他們的懲處制度」**；只要有幸進去就可以等著養老退休了。

空降來的人員，本身在自己的服務單位已經退休、領過退休金，再來掛名當主管、坐領乾薪，就等著第二次退休，肥貓中的肥貓。

冗員超級多，裡面一堆毫無學歷或特殊專長的，每天無所事事、上上網、看看拍賣，僅有的事就丟給工讀生做，也沒在怕炒魷魚的。公務員還有在怕考績、申訴，財團法人沒在怕的。

經費超級多，完全不用省，出差去做工讀生就能做的事，所以每個人都搶著出差，因為出差坐的都是高鐵，住的都是高級飯店，還有補貼，不用兩個人一間，一個人一間是基本。員工旅遊一年內三天兩夜的有兩次，一日遊可以辦好幾次。

加班費比本薪還要多，某些人職位名稱不夠大，就拚命加班，結果一年的扣繳憑單出來，加班費比本薪還要多，加

班就是去看看工讀生而已，因此大家搶著加班，跟社會的正常現象完全不一樣。

長官輪流當，就是大咖大官輪流在當，A 退休後去 B 那裡，B 退休後就去 A 那裡。

## 財團法人機構的制度管理

**我們應重新審核，該列入國家營運者（接受政府津貼補助 90% 以上），就縮編列入政府單位。**制定較好的制度與管理辦法，將公設財團法人類型化，並將其監督課責的密度分級。增訂類行政法人得遵守該法關於行政監督、國會監督、審計、自訂規章的規定。

主管部會要落實對公設財團法人的評鑑、考核與退場。不可否認，現行的評鑑考核常流於形式，且指標無法確實反映績效，但這是執行面的扭曲。

公設財團法人應透過有效的績效管理，落實退場機制，加強內部控制，爭取立法委員的信任。

## 第五章

# 全民受益的社福：鞏固社會安全

政府：民治、民有、民享（A GOVERNMENT / OF THE PEOPLE / BY THE PEOPLE / FOR THE PEOPLE）。（圖／Wikimedia）

## 推行全民化的「國民福利金」制度

　　將現有公務、勞工、農民及軍人之退休金及津貼，以加權方式納入，依比例支領退休年金（18% 或 13% 的優惠退休

金自然消失）。國民年金亦納入此一條鞭之國民福利金，以**消弭階級對立**。

問題是：目前領退休金的軍公教約 40 萬人，每年花掉國庫 3,000 億元。

**現在問題之一：差別太大。**

| 改革就是砍別人 公僕終身領2千萬.勞工僅百萬? | | | | |
|---|---|---|---|---|
| 以平均餘命80歲來計算 | | | | |
| | 公職 | 教職 | 軍職 | 勞工 |
| 平均月退俸 | 55,451元 | 70,542元 | 49,488元 | 13,537元 |
| 年領 | 66.5萬 | 84.7萬 | 59.4萬 | 16.2萬 |
| 可領年數 | 25年(55歲退休) | 27年(53歲退休) | 37年(43歲退休) | 15年(65歲退休) |
| 終生領 | 1663萬 | 2285萬 | 2197萬 | 243萬 |
| 人數 | 35.8萬 | 27.4萬 | 8.4萬 | 945萬 |
| 終生領×人數 | 6兆 | 6.3兆 | 1.8兆 | 23兆 |
| | 軍公教合計：14.1兆 | | | |
| 勞工的 | 6.8倍 | 9.4倍 | 9倍 | – |

全台退休金知多少？（圖／年代向錢看）

**現在問題之二：太不公平。**

在台灣，900 萬勞工負擔全國 72% 的所得稅（美國 56%）。

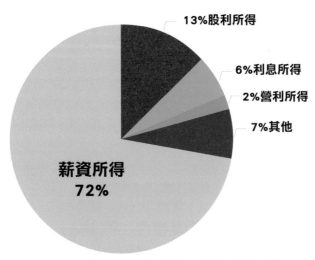

900萬勞工負擔全國72%的所得稅。（圖／作者提供）

# 改革之道：速建國民福利金制度

對象：主要納保對象是年滿 18 歲，在國內設有戶籍的國民。**每人一生至少要繳納 15 年（60 季）保險金**。未滿 15 年者，不能領國民福利金。

保費：

- 他雇：**本人年薪 6%，雇主負擔年薪 6%**。
- 自雇：**本人 8%**。
- **保險人可他雇或自雇混用，但至少要繳 15 年保費。沒有年保費上限，所以保險年費愈高，未來領取年金給付金額愈高。可分成季（三個月）或半年繳納或一年一次繳納。**

我要國民福利金來疏解！（圖／Wikimedia）

福利：

- 國民福利年金提供「**老年退休年金**」、「**身心障礙年金**」、「**遺屬年金**」三大年金給付保障，及「**生育給付**」、「**喪葬給付**」二種一次性給付保障。

- 被保險人只要按時繳納保險費，在生育、遭遇重度以上身心障礙或死亡事故，以及年滿 65 歲時，就可以依規定請領相關年金給付或一次性給付，以保障本人或其遺屬的基本經濟生活。

- 保險人如於請領退休金前死亡，可由遺屬或遺囑指定請領人請領退休金。又勞工未滿 60 歲喪失工作能力者，得提早請領退休金。年老退休金年滿 65 歲才可領滿額，若 60 歲提早退休，請領退休金依年歲扣減。

- 退休領取**月額新台幣 3 至 8 萬不等**（高額限度可再
  議），依所有繳納額，按比例分發（級距將請專家製
  成給付表）。

**已退休者**：過去已參加**勞保、農保、公教保、軍保、國
民年金**的國民，依已繳納累積金加權納入新制，加權數額將
請專家組成委員會決定，但保證每人每月至少可領 3 萬元，
不足部分由政府補足。未參加任何保險者，列入地方政府救
濟補助。

**未退休者**：過去已參加勞保、農保、公教保、軍保、國
民年金的國民，依已繳納累積金加權納入新制，加權數額將
請專家組成委員會決定。未滿 15 年者，依新制補足。若繳
納達 15 年，滿 65 歲就可領全額退休金。

**新制實施，所有老人津貼或其他津貼全部取消。**

## 建立軍公教儲蓄積金

類似美國 TSP（Thrift Saving Plan）制，鼓勵特殊職業人
員（如軍公教人員）儲蓄，政府特設免費積蓄投資服務，軍
人每月提繳 5% 薪資投資的話，政府配合津貼 4% 資額；公
務人員每月提繳 4% 薪資投資的話，政府配合津貼 3.5% 資
額；教職人員每月提繳 3% 薪資投資的話，政府配合津貼 3%
資額。

　　投資者可選 G、F、C、S、I（**政府定存、公債息、股票、金融股、境外券債**）基金投資，投資者自由選擇、自由運用、免費服務，半年可更換一次，一旦退出不可再加入。

## 推行全民受益的社福

社會福利示意圖。（圖／作者提供）

### 鼓勵生育，制訂育兒津貼及免費托兒育嬰

　　持續陡降的生育率讓人意識到嚴重性，卻沒看到政府投入足夠社會資源的決心。台灣生育率（**婦女終身的生育子女數**）再創新低，從前年的 1.03% 驟降至 **0.895%**，不僅是歷年最低水準，也是全球最低。

　　照這情勢演變，台灣總人口就出現**負成長**。內政部用盡各種方法，包括新增兩歲以下育兒津貼、各種鼓勵、獎勵等

口號，但民眾還是反映「小孩養不起」。台灣生育率已成全球倒數第一，35 到 40 歲女性未婚比例世界第二，結婚的社會壓力也登上世界第一。

### 鼓勵生育

- **有效的生育補貼**：台灣生育補助沒效，最主要的原因就是補助不夠多。以後，生小孩的一次性津貼有 3 萬台幣，收養小孩更高達 7 萬台幣。**小孩在 3 歲前，每月有 7,000 台幣的津貼。**

- **職業保障，增加高齡產婦**：法國婦女有八成是職業婦女，但生育率卻仍很高，主要就是制度保障讓上班族無後顧之憂。完善的產假制度，也讓 **35 歲以上，在職場剛晉升到中高階職位的職業婦女敢生小孩。**法國 35 歲以上的婦女生育新生兒，占總數 17%，40 歲以上產婦比 20 年前多一倍。生產力不輸年輕媽媽。台灣會比照辦理。

- **未婚保障，單親孕母受照顧**：台灣社會價值對單親家庭投予異樣眼光，單身女性獨自照顧小孩很平常，會得到整個社會幫忙。

### 完善托育服務

- 完善的托育服務，更是提高生育率最重要的一環。**3 歲**

**以上到上幼稚園之前的日間照顧，完全免費。**過去托育問題在台灣，一直都是家庭自己想辦法解決，企業不管，政府更沒什麼作為。

• 幼兒在幼稚園學習適合他們年齡的生活環境知識經驗及生活常識，以及學習習慣和生活習慣等。幼稚園是國民教育正式學制的一部分；**公立幼稚園免費。**

### 在地就養，社區照顧銀髮族

社會老化問題，普遍有共識是社會責任，因為支持老人福利，所有人年老時都可以享受。但大家卻覺得新生兒是個別家庭的責任，生育補助被視為財政負擔。新政府應履行投注社會資源的決心。

全世界都面臨了人口老化的問題，台灣當然也不例外。自 1993 年 9 月起，台灣進入聯合國定義的高齡化社會：65 歲以上長者占全台總人口的 7%。並且根據行政院國家發展委員會的預估，台灣老人人口將在 2018 年達 14%，進入高齡社會，**並在 2025 年達 20%，進入超高齡社會。**法國的老人人口從 7% 到 14%，歷程 127 年，美國是 72 年，英國 47 年。相較於其他歐美國家，台灣從高齡化社會邁向高齡社會的腳步，走得又快又急。

擬定的老人政策中，最核心的內涵是：「**生理、心理及社會面向的『最適化』**，老人得以在無歧視的環境中積極參

與社會，獨立自主且有良好的生活品質。」

把**長照回歸社區**，讓長者在最熟悉的環境生活，政府也會提供最方便的服務，當家屬的後盾。推出結合**居家照顧、送餐、復健職能治療、到宅醫療、送藥和社工諮詢照顧服務站**。長者或家屬可電洽或到站諮詢，知道可使用的服務與補助，選擇適合的套餐。

政府推行「長照計畫」，最重要的目標就是希望發揮社區主義精神，讓失能的國民可以獲得基本服務，在自己熟悉的環境安心享受老年生活，減輕家庭照顧負擔，同時間並向前端優化初級預防功能，銜接起預防保健、活力老化、減緩失能，促進老人健康福祉，提升生活品質，讓老人活得健康又快樂。

## 廣建社會住宅，提高居民住屋率

世界先進國家的社會住宅占有比例，如荷蘭 32%、香港 29%、英國與瑞典 18%、法國 17%、日本 6.1%、美國 5%、新加坡 4.5%，**台灣卻只有 0.08%**。

廣建社會住宅，才是解決都會居住問題與民怨高漲的有效良方；廣建社會住宅，才是平穩房價及抑制過度投資的基礎措施；廣建社會住宅短期不會對房市產生影響，長期更是平穩房價與抑制過度投資的基礎措施。

顯見台灣政府過去一直忽略買不起也租不起的弱勢族群

的居住問題，因此，廣建社會住宅才能真正解除居高不下的民怨。

　　廣建社會住宅，要結合民間力量才是創造經濟效能的最佳住宅政策。政府提供土地，地上權以 BOT 方式導入民間資金（如人壽保險業或稅務優惠投資），勢必就能減輕政府的人力、財力負擔，同時政府站在監督的角色，效率上也更能掌握營建的時程與效能。

### 社會住宅

　　新政府考量社會住宅循序漸進與基本存量滿足，會先以全國 **20-35 年齡階層**的 30％（150 萬戶）作為住宅存量，並訂為社會住宅之國家發展目標。

　　同時，**房租不會超過 20-35 年齡階層的平均薪資所得的 30％**。因為社會住宅的租金就占掉生活費的一半的話，恐怕連存錢都很難，要是花更多的錢租屋，更無法結婚、建立家庭。**社會住宅會分未婚（單房）和成婚（雙房）的公寓。**

### 提高容積率，施行都市更新

　　都市更新依其目的性可分為三大面向，分別為整建、重建與維護。若依此面向針對都市地區進行更新，則可以集中公私部門間有限資源進行有效率之更新。

　　**重建**：指拆除原有建築物，重新建築，同時進行住戶安

置及改進區內公共設施，並得變更土地使用性質或使用密度。

**整建**：指改建、修建更新地區內建築物或充實其設備，並改進區內公共設施。

**維護**：指加強更新地區內土地使用及建築管理，改進區內公共設施以保持其良好狀況。

新政府會防範由於原有建築物的容積率移轉與容積率獎勵，導致都更後的建築物越蓋越高，影響到四周原有居民的日照權。（施行綠屋頂）

部分地主因更新前透過違章建築增加許多使用空間，但更新後往往要求這些違章建築增加之空間亦須一坪換一坪，因而導致許多都市更新案因為部分地主的貪婪而破局。（**違章建築部分，要加倍繳稅**）

## 建立公平造福的稅制

### 厚植稅基：壯大中產階級

充分就業是一個社會安定的基本因素。企業向銀行借貸之優厚，今後將依納稅績效而有別。**銀行向企業放貸，今後將以納稅績效（營業額 vs. 納稅額）為主要標準之一。良好的納稅者，將有較優厚的利率且列為優先借貸的對象。**

新政府將推出低息優厚中小型企業更新設備之專案。

## 簡化稅收

目前台灣稅收收入占整體收入約達 75%，並以營利事業所得稅、所得稅為最重要的稅種（營利事業所得稅占稅收收入約 30%；所得稅占稅收收入約 27.5%），其次為加值型及非加值型營業稅（占 23%）、貨物稅（占 13%）與關稅（占 13% 弱）。

今後**著重直接稅徵收：中央的稅收以直接稅為主，僅收所得稅和關稅。**

**地方的稅收以間接稅為主，營利事業所得稅及其他稅收，均由地方政府收取。**

**中央歲收將占全國歲收的 40% 至 45%**，其他全歸地方稅收（比目前增加一倍以上），真正屬行地方自治。**中央管轄的警察和教育權，全會下放到地方**，地方依治安需要，決定警察的量與質，以消弭「台灣是警察國家」的惡名。

## 增關地方財源

過去地方政府可分配 100% 的地價稅、土增稅、房屋稅、契稅、娛樂稅，但原本遺產及贈與稅，地方只得 50%，現可全得。

**原貨物出售地可抽營業稅（Sale Tax），現產地也可抽部分營業稅**。稅率地方自訂，如抽 4% 的稅，產、銷各得 2%。

這可消除「生雞蛋無，放雞屎有」的地方間互嗆現象。

中央的補助金制度可以分為「統籌分配款」及「補助款」等兩大類。統籌分配款：指由中央政府依法收取之國稅。除保留極少部分為中央留用款項之外，依各地稅基比例、人口比例或依一定公式之計算，重分配給地方政府，作為各地方之財政經費。新法將以該地人口比例占 60% 和以面積比例占 40% 合計分配（即總額 ×0.6× 人口 % ＋總額 ×0.4× 面積 %）。

# 建立健全防災體系

設立應對水災、土石流、風災、地震、海嘯、核災、流行疾病、恐怖攻擊等災變的專責機構。

近年來隨著經濟發展和氣候變遷，不斷出現新型態的複合型災害（長隧道、石化油槽爆炸、地震），以災害類別劃定權責機關之模式無法因應複合型災害。因此，台灣該建置防災總署，整合跨部會、跨地域、跨層級共同面對。然而災害不能見招拆招，要從結構性問題徹底解決！

## 台灣所遭遇的災害種類

天然災害種類：颱風、梅雨、乾旱、龍捲風、地震、土石流及其他。

台南地區發生重大地震災害。（圖／Zachary Lee）

知本金帥飯店倒塌翻江。（圖／https://amien.pixnet.net/blog/post/27407280）

人為災害種類：火災、爆炸、重大陸／海上交通事故、空難、工地災變及其他。

## 台灣首要施行災害管理

所謂災害管理（Disaster Management），是針對危險情況的一種持續性、動態性的規劃管理過程，以減少危險情況的不確定性及降低災害發生之可能。從「管理」的觀念而言，有關災害種類、預防方法、發生時間、應變方式、復原計畫、政策檢討等，均是災害管理的範疇。災害發生之過程可分為減災（mitigation）、整備（preparedness）、應變（response）、復原（recovery）四個階段，每階段皆環環相扣，一個階段沒做好，就會影響下一階段的工作。事實上，預防勝於治療，因此近年來的重點逐漸轉移至減災工作上，因為**減災**才是最根本且長期性的災害管理措施。

## 建立防災專責機關：防災總署

過去以災害類別劃定權責機關之模式無法因應複合型災害，全世界除了台灣，沒有一個國家會把防災分散到各部會。對於不斷出現新型態的複合型災害，**必須跨部會、跨地域、跨層級共同面對，單一部會根本反應不過來**。又長隧道、氣爆、石化油槽爆炸、地震，都準備好了嗎？長隧道救災是專業，若是載量極高的遊覽車拋錨起火，整個隧道

將高溫致命、不利救災。而台塑六輕廠內有35座石化槽，若幾座同時爆炸，如何有效應變？！最後，大台北如發生規模6.2地震，可能倒掉四千多戶房子，以現階段的防救災能量和專業性，根本無法應付。所以，台灣該建置一個能夠防治和救援各類型災害的**「防災總署」**。以災害類別劃定權責機關的「single hazard」模式，需要朝「全災害管理（All-hazard）」模式修改，如此才能真正跨部會、跨地域、跨層級共同面對各種災害。

# 第六章
# 公義的教育文化司法

## 公平正義的教育

教育是指對人傳授知識、培養才能、塑造人格的一種社會人類文化得以傳承的主要途徑。

教育是一個引領方向、創造價值的工具。當國家的教育制度良好，就能創造社會**正確的價值觀念**，形成一股社會穩定的力量。

教育示意圖（圖／Wikimedia）

# 台灣教育之弊

## 填鴨式教學的文化

現代考試都是「背多分」，所以任何學生都不會去講求這是怎麼來的。這些大部分只是死的知識，完全沒辦法運用在現實社會中。

對人的創造能力中有兩個東西比死記硬背更重要：一個是他要知道到哪裡去尋找所需要的，比他能夠記憶的多得多的知識。再一個是他綜合使用這些知識，進行新的創造的能力。死記硬背，不會讓一個人知識豐富，也不會讓一個人變得聰明，這就是我的觀點。

## 家庭教育受到忽視

父母的言、行、舉、動，都將在兒童潔白無瑕的心靈上銘刻難以泯滅的痕跡。對兒童思想、性格、品德、作風的形成會產生深遠的影響。從這可以看出家庭教育對小孩子的影響是非常大的，家庭教育有學校教育、社會教育不可代替的作用。

## 注重複製的儒家文化教育

外國學者指出，阻止台灣教育進步的三大病灶：permanent exams, cram schools, and the local learning/teaching culture. **考試、補習班、教育文化**，這三者反映著儒家文化的主要理想。永無間斷的考試、補習班、本地的學習 / 教育文化，三者之間相互牽連，關係難以切割，組成一道高牆，將現代教育阻隔在外。

**儒家文化重點在複製其核心價值，要求一致性及對權威階級的服從，不管周遭的環境如何改變。**

### 教育公義長期被忽視

台灣教育改革中最大的缺點就在於資源分配不均、平等公義不存。

未來的教育調整，必須在「因材施教」、「有教無類」的原則下，採取積極措施，保障弱勢群體，讓他們也能獲得優質的教育機會。

**回歸教育本質**：教育權要由中央下放到地方。

## 推行務實的在地教育

- 興辦十二年免費教育；
- 強化本土及海洋教育；
- 加強英文教學，鼓舞出國留學及回流；
- 鼓勵在地就業，與社區結合，學生到社區產業場所實習工作；
- 鼓舞文化及運動國際交流。

## 十二年國教

十二年國民基本教育，簡稱「十二年國教」。台灣於2014年起施行。採非強迫性入學、免學費、公私立並行及免試為主。

十二年國民基本教育平衡城鄉的差距，以達成提升國民素質、增進國家競爭力、促進教育機會均等、實現社會公平正義的理想與目標。

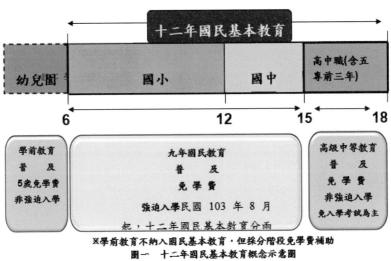

※學前教育不納入國民基本教育，但採分階段免學費補助
圖一　十二年國民基本教育概念示意圖
十二年國教概念示意圖。（圖／作者提供）

## 在地教育

**全球在地化**（Glocalization）結合全球化（Globalization）

和在地化（Localization）兩個觀念而成，係指一種全球思維架構，融合在地需求和特色的動態關係，也就是所謂的：全球接軌、在地行動。基本上，全球化與在地化是全球互為一體的兩個面向，並非相互對立與排斥，而是意味著文化與語言之間的接觸、交流與匯集。

全球在地化包含微觀、中觀、鉅觀三個層次，也就是地方、區域、全球之間的交互影響。全球在地化牽動國族或國家關係，也加強某種再地域化的重塑。所以，面對全球在地化的趨勢，不能採取鎖國政策、閉門造車，必須與國際接軌，才能創造更大利基。

朝向「**全球思考、在地行動**」邁進：教育行政宜從在地及本土出發，漸次螺旋而上，以全球視野、國際觀點交融出更具實踐性的理念，進而落實至地區性的行動。

- 增進本土文化、環境與人文特徵認識，並培養保存、傳遞及創新之觀念。
- 培養本土問題意識、強化生態教學與國土保護知能，養成主動觀察及問題解決之能力。
- 落實本土教育推展，尊重多元文化並促進社會和諧。
- 培養本土語言聽說讀寫之基本能力，有效應用本土語言。
- 提升欣賞本土文學作品能力，體認本土文化之精髓。

## 海洋教育

台灣是個被海洋環繞的海洋國家，國民應具備充分認知海洋、善用海洋的能力。讓全體國民能以台灣為立足點，並有能力分享珍惜全球海洋所賦予人類的寶貴資源。

台灣沿海的天然景觀原本很美麗，海洋資源也豐富，但近三十年來，台灣到處開發、發展工業，忽略了環境的保護，沿海污染、超限利用、大量抽取地下水，結果造成地層下陷、海岸侵蝕、海水倒灌以及土地鹽化等災害，不但嚴重影響了我們生活的品質，同時也威脅了我們的健康。

為達成「**台灣以海洋立國**」的理想，涵養以生命為本的價值觀、以台灣為本的國際觀及以海洋為本的地球觀，國民中小學海洋教育應以塑造「**親海、愛海、知海**」的教育情

親海、愛海、知海。（圖／台南市海教網）

境，涵養學生的海洋通識素養為主軸，進而奠立海洋台灣的深厚基礎。

　　從海洋出發，教育國民中小學學生海洋相關的基本知識，培養對生命、自然環境的尊重，發揚海洋民族優質的特性，並塑造海洋人文、藝術的文化。

## 加強英文教學

- 學英文　出國溝通無障礙。
- 學英文　提升國際競爭力。
- 學英文　求職、職場占上風。
- 學英文　順利畢業好升學。

來吧～跟著咕嚕學英語。（圖／作者提供）

## 鼓勵在地就業，與社區結合，學生到社區產業場所實習工作

高雄市立仁武高中與仁大工業區廠家辦理產學合作，成立「高雄石化產業特色課程仁大專班」。（圖／高雄市政府教育局）

## 鼓舞文化及運動國際交流

宜蘭國際童玩藝術節。（圖／觀光局提供）

竹縣中小學足球聯隊vs.世大運美國隊。（圖／新竹縣政府社會處）

# 公平正義的文化

## 厚植台灣文化

文化（culture）是人與人、人與自然、人與觀念之間關係的意義系統。

文化有兩種，一種是生產文化，一種是精神文化。科技文化是生產文化，生活思想文化是精神文化。台灣目前所展示的文化，多偏重生產文化。

台灣文化，由於台灣地理位置的特殊性，加上過去兩千年的移民社會，由多樣化的人種族群所組成，且因不同時代

背景而有多面向的呈現。從最早期的南島文化、古閩越文化，到中期的海盜文化，地理大發現後的荷蘭、葡萄牙、西班牙文化，鄭氏時期以後東南沿海漢人開始大規模開墾，儒家道家等宗教開始對本區域發生影響。到後來又混合日本統治時代的文化與接受日本皇民化文化教育，最後是承受戰後歐美文化的影響，以及本地與台灣原住民的文化覺醒，**具有傳統與現代的面向，以台灣為文化主體範疇逐漸確立。**

幾種台灣文化標誌。（圖／作者提供）

# 推行台灣本土化運動

台灣本土化運動是指台灣強調在地的歷史、地理、文化及主體意識的一種運動，以發揚台灣本土文化和文化層面的**去殖民化**為主要宗旨。

台灣數百年來歷經不同政權的統治，統治者為了達成迅速有效的管制，於是強制施行統治者所慣用的文化、語言或宗教，施行「大一統」政策。

**本土化運動要探索自我的本質，重視居住於台灣這塊土地上的人文生活與價值觀。**

本土化的運動，在於打破過去所普遍強調的中華文化的主體性，回歸到重視「台灣價值」，強調台灣文化的多元性，鼓勵台灣的民眾重新思考，自己來自何處，去向何方。珍惜台灣這片土地上特有的事物，不論是語言特色、文化特色、族群特色、自然資源，並加以維護與發揚。

台灣文化在幾百年的發展中，以融合各方的**仁孝誠信、刻苦耐勞、勤儉務實、衛生安全、忠恕協和為中心，形成了一套相當完整的價值體系**。這一套台灣文化的價值體系，而文化傳承最核心的是價值觀。

目前當務之急是秉持公平正義良心，去制衡權貴財富利益的追求，去除使道德沉淪的中國文化。被出賣的年輕人，請一定關心台灣的前途與未來。

# 重整新聞媒體：新秩序的建立

## 第四公權力

　　第四階級（the fourth estate），所指的是媒體、公眾視聽。第四階級的觀點認為，新聞界在憲法裡擔負著一個非官方但卻是中心的角色。他**有助於公眾了解問題、發表公共見解，因此可以領導和成為對政府的一種制衡**。但是要達到這種功能，新聞界就必須獨立和免於受到審查。

　　「第四權力」是西方社會的一種關於新聞傳播媒體在社會中地位的比喻。它所表達的一種社會力量：新聞傳播媒體總體上構成了與立法、行政、司法並立的一種社會力量，對這三種政治權力起制衡作用。

重建良好治理、民主和公正的社會，媒體自由。（圖／Wikimedia）

**台灣的問題是：台灣媒體讓台灣腦殘。**

台灣「媒體毒害台灣變成弱智」，「媒體讓台灣腦殘」，已不只是國內民眾在講，外國記者亦有此觀察，甚至成為國際笑話。有人指出從新聞內容的價值及真實度而言，相較於世界主流媒體，對世界重大事件報導雖有取捨，但人類的重大進展及科技，都有共同的報導，而台灣媒體可能無經費派記者取回第一手報導資料，大多轉載外國媒體消息、無聊八卦及羶腥報導較多。

至於國內低成本的政治人物言行報導，更是鉅細靡遺，媒體呈現內容低俗化與世界主流脫節，包括文化部在內的政府各部門，反而要隨媒體報導起舞。至於新聞報導的真實度及嚴謹度，大多隨媒體政治立場而變。

台灣媒體亂象則有以下兩點：

• 台灣媒體少有考慮國家利益報導。
• 媒體充當政治鬥爭打手。

台灣媒體亂象主要指台灣於 1980 年代解嚴後，由於商業媒體（**特指新聞媒體**）利用暴力、血腥、煽情、炒作與捏造新聞等違反媒體倫理手段，增加收視率或報刊發行量之現象。

　　爲特定政黨粉飾形象的新聞作假行爲，對特定政黨（主要是泛藍與泛綠）相關新聞處理上一面倒的認同或批判，明顯偏離中立的立場。

　　解決之道爲：

### 訂定媒體基本法

　　**訂定媒體基本法，違反此法媒體應勒令停業或停刊，至於基本法內容應以眞實消息、無傷害國家利益或人身安全爲主體**，色情、暴力則以鉅額罰款訂定詳細罰則。另一方面，**涉及政治立場偏頗的媒體，若報導不實一律主動偵辦**，將揭弊揚善，都立於事實基礎。

　　此外，在教育及民眾宣導輿論制裁方面可做之事亦很多。首先教育部應訂出一套**媒體從業人員道德規範，以愛國、知識及優質文化爲主軸**。另外，文化部就現有獎勵（如金馬獎）公開儀式中襃揚優良新聞媒體，同時對不良媒體要撻伐。

　　**美國在歷次戰爭中都實施新聞檢查**，法律授予政府這一權力抵消媒體的新聞自由權。在政府的威脅和監控下，媒體爲了生存必須和官方保持良好的關係，主動控制自己的新聞內容。**台灣處於備戰狀態下，似乎應該給予媒體稍做管控**。

### 報社及媒體公司重新登記

　　資本家財團憑藉新聞資產的擁有權和支配權，可以直接

決定新聞傳播的方針和規模，能夠操縱新聞傳播的政治方向。資本主義社會透過經濟控制，資本家通過出資開辦、參股控股、廣告發布等途徑，掌握新聞傳播的經濟命脈。

今後，所有的報社或媒體公司，重新登記，其公司董事擁有股權每人不得超過 2%，公司至少須採用 80% 的合格記者（領有記者證者），其餘 20% 可採用準記者或相關媒體科系的實習生。董事會盡由社會賢達組成。

## 記者要重新取得記者證

倫理控制就是通過**制定新聞職業道德準則**，對新聞媒介施加的控制。新聞職業道德制定後，向全社會公布，一方面成為新聞從業者的自律，即自我控制的守則，同時也成為社會輿論對媒介行為施加監督的標準。**倫理控制**不僅是傳播主體的自律，同時也是社會對傳播主體的他律，是自我規範和強制規範的統一。

**為確保今後記者的品質和操作，已當過記者 3 年以上者，須將過去所報導的作品，經審議委員審議通過後，再重新發證；未達 3 年者，重新考證；新進記者都需考證；相關媒體剛畢業者，可臨時取得準記者證資格，也須經 3 年呈現作品，經審議合格才領正式記者證。任何記者需取得記者證，報社或媒體機構，才可任用。**

# 實行公平正義民主的司法

## 台灣現存的問題

### 司法不公

　　台灣人民從「日治時代」警察高壓統治，到「國民黨占領」的白色恐怖軍事戒嚴，以及從「民主解嚴」一直到「總統民選」，看著時代不停的進步，看著不得民心的政權一一倒台。但是，不論時代如何進步，不論政權如何更替，上百年來，可憐的台灣人民，一直無法擺脫「**司法不公**」的魔咒。

　　一百多年來，「司法」一直是當權者用來對人民進行統治的壟斷工具，一直是當權者用來培養官僚的箝制工具，一直是當權者用來籠絡知識分子的迷魂鴉片，一直是當權者用來掌握財團地主的主要扳機。因為，**審判權一直被當權者壟斷**；因為，**自由心證一直被當權者濫用**；因為，當權者假藉**審判獨立之名，進行審判獨裁之實**，讓人民永遠沒有機會去接觸司法審判的恐怖黑箱，讓人民永遠沒有辦法看到操弄司法審判的可怕黑手。在這種情形之下，**整個「司法城堡」被官僚、政客、財團及主流媒體，合力打造成一座只為當權者通關與服務的森嚴高牆。**

　　台灣的司法比封建時代還落後。唐朝縣老爺開庭，事先不看卷，要挨杖罰；台灣的法官，亂問、亂罵、亂判，從來不處罰！台灣的司法比原始部落還落後不如，原始部落處理紛爭，總是找部落裡的長者，借用其人生智慧處斷；台灣的法官多是只會考試、不懂世事的無知小霸王在當家。他們集結成派系，高官也怕得罪，遑論小百姓。

　　台灣的司法比集權國家還官僚，因為司法官僚把他們自己圈成一個封閉的圈圈，迫使外人很難插手其間，尤其是民

惡犬，你以為塊頭大我就怕你嗎……台灣之亂，首要司法不張，不肖司法貪官假借不全法令以權謀私，導致社會宵小橫行，而始作俑。（圖／司法受害者協會）。

主票選之後，政客害怕被貼「干涉司法」的標籤，更是不敢越其雷池。

　　司法是國家實踐正義的最後防線，但民眾信任度卻不到三成，變革千頭萬緒。我們不僅應該要「觀念變革」，而且也要「制度變革」。

## 審判獨斷、檢察獨霸

　　人民為何不信任司法？審判獨斷、檢察獨霸。解嚴前的法院及檢調系統常被當局者作為政治工具，即便 30 年後司法現場的問題已經不同，但司法不公的印象還是揮之不去。

　　「台灣司法的真正問題，是法官和檢察官以『司法獨立』為由不受監督，導致審判獨斷、檢察獨霸。」「司法體系就像醫院，要出問題了才會願意面對。司法是國家解決爭端的最後一道防線，若無法取信於民，社會會陷入叢林法則。」

## 去除恐龍法官

　　法院該改什麼？**淘汰機制、人民參與審判**。判決不符合人民情感的「恐龍法官」，一則和法官歷練過於單純，二則和人民不了解司法有關。

　　又在法官職權主義之下，需要法官嚴格的自我克制，避免侵犯人民權利。德國和日本的民族性會把專業做到極致，但在不太嚴謹、相對馬虎的台灣是否如此？這就是很大的問

題。

在審級制度上，台灣最高法院的三審是事實審、事實審、法律審。事實審，顧名思義，主要針對犯罪事實的釐清、認定上，重點會放在檢辯雙方的舉證和言詞辯論。而法律審，則會把重點放在二審法院的法律見解有沒有問題。這個法律見解包含案件所援用法條是否有錯，或是案件審判程序是否錯誤。不過，事實與法律間，有時候並非如此涇渭分明。舉例來說，刑求的筆錄是否視為證據？這一方面牽涉到事實認定（**是否有刑求**），以及是否符合法律適用。

### 檢察體制是行政官

檢察官的工作與法官很像，都是就個案調查證據並認定事實、適用法律，以實現個案正義。兩者在刑事訴訟中所適用的原則大多相同，包含**比例原則**、**客觀性義務**、**無罪推定**、**罪疑唯輕**等。檢察官跟法官不同的是，檢察官必須指揮司法警察或親自蒐集證據，而法官原則上僅調查檢察官和被告提出之證據，無須蒐集證據。

**在檢察官的制度上，台灣是檢察一體制度，偵查、起訴、出庭的檢察官不一樣。**所以在法庭上看到的檢察官，常常不是辦案的檢察官，當法官問他問題的時候，他可能不清楚狀況，所以常常回答「如起訴狀所載」打發過去。德國雖然也採取檢察一體制度，但因為檢察官自我要求很高，比較沒有

發生像台灣這樣，出庭檢察官不太清楚案情的情形。

　　台灣的司法尚未引入起訴狀一本主義，更糟糕的是，台灣也沒有嚴格的定義如何使用證據。證據該怎麼提出、由誰負什麼樣的舉證責任、舉證門檻為何，這些證據法則，在台灣法律都沒有寫得很細緻。一方面台灣司法大量採用筆錄自白，又許多案件採用有刑求可能的筆錄作為證據，所以，過往的台灣司法常常屈打成招，造成不少冤案。

　　對法官、檢察官的評鑑、檢核制度也要強化。今後應該要針對績效普遍較差的法官、檢察官直接進行檢核，而非直到有人來申訴才受理。

## 台灣司法變革

　　**勵行司法變革**（淘汰不適任法官）；**實施檢察官「三振政策」**，即檢查官起訴案件達 3 次被判無罪者（即缺乏直接證據就起訴者），改派他職或再教育；**設置專業法庭**（先試行戒毒、環保法庭）；**施行「陪審制度」**。

　　**透過法律倫理**，重新檢驗司法人員的操守和價值觀，由司法界和社會公正耆老組成評鑑委員會，以法官過去 5 年辦案的成效，作為重新取得資格的標準，淘汰不適任的司法人員。

公平、正義、民主之錘。（圖／Wikimedia）

### 獨立性

　　法務部為全國最高司法行政機關。這是行政干涉司法的元兇，破壞司法獨立。**法務部本部全部撤除。廉政署全部撤除，各機構的政風室不再設立。部分檢察官、調查局、行政執行署的人員，將成立一個獨立單位：檢察調查署。不受政黨左右，其首長民選**。矯正署悉數劃歸司法院管轄。司法官學院和法醫研究所，劃歸教育部。

　　**司法最重要的核心價值是獨立性，沒有獨立就沒有公正、公平、信賴與尊嚴，目前在司法實務上影響獨立的因素是錢與權。**

### 陪審制

台灣司法的積弊，要一次完全解除，只有一個辦法，陽光：實施陪審制度。

**人民都可以決定總統了，為什麼人民不能決定案子？當然應該讓人民參與審判！**

陪審制的立法一定會有許多配套修法。因為是組成陪審團來審判，因此一定是進入法庭才接觸證據；再來，法庭必須集中審理，避免案件的拖延。陪審制可以提高審判效率，其通過集中審理和短時間內得出結論的方式，**避免了審判過程的長期化**。且通過授予被告人接受其同類人的陪審審理的權利，可以使其**免受不正當或者過於激進的檢察官**，以及那

19世紀英國的陪審團。（圖／Wikimedia）

些迎合（檢察官）、或脫離常識或存有偏見的法官的不公正裁決。最後，因為要避免陪審員接觸到不該接觸的證據，所以證據相關法律也必須完成立法，嚴格不當證據，不得出現在法庭上。這些配套的修法，除了從制度上協助陪審員排除人性的弱點以外，也能協助法官做出更好的裁判，這些制度可以解決台灣司法目前諸多的結構問題。**人民參與審判：監督立法監督司法！**

### 評鑑

以往法官來源主要透過法官考試，所以為人所詬病的問題在於**法官過於年輕及社會經驗不足**。因此，法官的產生經由法律相關的工作者工作到一段時間再遴選擔任法官，已成為各界的共識。此外，對法官的懲戒應有外部力量參與，過去完全由司法體系內部作懲處，絕對會有官官相護的問題。我們認為，**建立法官評鑑監督機制**，淘汰操守不良、專業不足、怠惰卸責、缺乏人權意識的不適任法官，乃確保人民不因劣質判決而受害的關鍵要素，這樣的標準與要求亦同樣適用於檢察體系。

一般來說，公司會對績效、考績較差的人的工作狀況進行評量，了解是否需要輔導，或是要求離職。但台灣的司法官並沒有這樣的制度，只有不滿的當事人可以在案件終結後，對法官或檢察官進行申訴，而且門檻很高。也就是說，

如果某個法官判案品質一直有問題，或是檢察官一直草率辦案，司法單位並不會主動根據績效指標下去評鑑司法官的工作品質；必須等到當事人進行申訴，才會處理。評鑑制度的缺失，讓素質低劣的司法官員難以遭到淘汰。

## 推動法律倫理

推動法律倫理，落實司法公正，改善司法形象，建立司法信賴。然而，何謂司法公正？台灣現今實踐司法公正的制度規劃、程序設計乃至審判結果，爲何屢屢引發司法不公的爭議？法律人特別是法官與檢察官，在面對司法不公的指責時，必須反身自省：在個案解釋、適用法律時，提出的理由是否充分？是否說理清晰、容易理解？具體的證據在哪裡？在審理個案時，曾遭遇面臨哪些利益衡量、價值抉擇的難題？在解決這些難題所採取的立場與說理，是否已在司法文書（判決書、起訴書／不起訴／緩起訴書）裡完整說明？總而言之，建立一套允許自由批判的司法公正空間，讓所有進行中的司法審理過程，可以眞實反映法律人在法律解釋上所採取的特定立場。

台灣的司法因爲結構上的問題，一方面，台灣鑑定制度不完善；二方面，法官和檢察官關係良好；三方面，法庭結構問題，讓法官容易成爲有罪推定；四方面，評鑑制度缺失，難以淘汰素質低劣的司法官員；最後，沒有經過轉型正義，

法官、檢察官的升遷把持在保守公務人員手中。這些因素，造就了台灣司法制度的種種問題。

## 落實轉型正義

　　要怎麼改善台灣的司法問題？首先最重要的，是要推動**轉型正義，讓以往威權時代的法官、檢察官能被撤換、懲處，經過一定的人權訓練，或是再教育後，才能繼續擔任司法官的職務。**

　　國民黨曾經推行過「黨化司法」的政策，也曾有大量國民黨特務進入檢察官、法官的司法體系。在台灣民主化後，司法沒有進行過轉型正義，要求司法官再訓練，卻在這個狀況下推動司法獨立，讓資深的司法官掌握新進法官、檢察

轉型正義示意圖。（圖／Wikimedia）

官的升遷。升遷也不是看法官的判決是否符合人權，或是檢察官是否濫訴，而是看關係、看期別、看資歷（就跟軍中類似），結果司法等於被極端保守的公務人員把持。

一個犯過錯誤的社會終需面對自己的錯誤，否則無法得到自新，也無法防止再度犯錯。如果一個新的民主社會不處理過去威權獨裁體制的政治壓迫，以及因壓迫而導致的社會（政治的、族群的、或種族的）分裂，所做的善後工作，其民主體制將很難在和平的、深厚的民主文化中健全運作。

如果你認為任何人犯罪了就應該接受刑法的訴追，則同理，**政府過去的犯罪，就應該被究責**，而這就是轉型正義工作要處理的基礎。二戰之後，國民黨在台灣所建立的黨國體制與威權統治對人權的長期侵害，主要是由系統性的國家暴力所組成。

## 對遭受政治迫害的人給予正義，還以清白

**被沒收的財產必須歸還；遭受肉體、自由和生命損失的人或其家屬，必須加以賠償。**

二二八正是國民黨政權在台灣威權統治的開端，同時二二八事件與之後的白色恐怖及馬英九在朝時所施行的整肅迫害，也是戰後台灣社會所面臨的最主要三大國家暴力事件。前者為軍事鎮壓與大規模屠殺，後者則包括了非法逮捕、拘禁、坐監虐待與處決等。所有獨裁時期的情治、鎮壓人員

及司法人員都應全數解聘,重新招募。

## 對從事政治迫害的人,必須在法律上或道德上予以追究

透過司法或是行政途徑,進行洗滌式查證,對於集體共犯採取褫奪公權的處分,甚至將其以不當方式取得的財產加以充公。經人檢舉查證屬實,將施予適當處分。

二戰戰犯受審伏法全紀錄。(圖/Wikimedia)

## 對過去政治迫害的真相和歷史,必須完整地加以呈現

二二八事件發生當時與台灣獨立運動無關,當時幾乎沒有台獨的倡議。但二二八事件成為後來台灣獨立運動興起的

重要原因，爲什麼？

　　實施長達 38 年的戒嚴，致使數萬名民眾在白色恐怖時期死亡、失蹤、監禁，其眞相如何？

　　**「黑名單」長期迫害親情、人權**，如何了解？

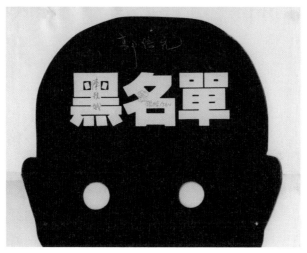

主角郭倍宏，製作者簡錫堦（Jan），記者陳銘城簽名的面罩。（圖／作者提供）

## 去除至今仍充斥黨國體制的符碼

　　公共設施、各級學校之中，時常可見當年獨裁者的銅像矗立其中；公共空間、道路的命名，也隨處可見歌頌執政黨、效忠獨裁者的符號。這些如影隨形的黨國幽靈，立即拆除更正。

去除黨國體制的符碼是和解或團結的象徵。（圖／Wikimedia）

# 後語

# 改變（Change）

　　我深信：「你既然認準一條道路，何必去打聽要走多久！別放棄你的夢想，遲早有一天它會在你手裡發光。」

　　改變是生命的根本所在。世界上沒有什麼永恆的東西，一切都在改變，一切都在發展。夢想只要能持久，就能成為現實。一個人或一個國家要實現自己的夢想，最重要的是要具備以下兩個條件：**勇氣和行動**。

　　經初步評估，新政施行後，5 年內國民所得，將由每人年均 24,000 美元躍升 40,000 美元以上，因為我們會去除肥肉，撤除國民黨綁票的陷阱，我們可以很健康的向前走，且走得更快、更遠。

　　我們需要的是改變「Change」，希望選民做出選擇，用選票改變命運及歷史。這種「改變：正名制憲」可以將我們所追求的政治、司法、經濟、文化畢其功於一役。

　　**政治上要建立獨立民主的國家；**
　　**司法上要實行陪審制公義的社會；**
　　**經濟上要建立均富的國民經濟；**

**文化上要發展優良固有的台灣文化，反抗不公不義，
台灣人要出頭天，做主人的傳統精神！**

個人所提施政建國的看法，是在主權立憲下，另種的
「Change」，只要國會取得優勢，就可凍結現行憲法，制定
新憲法，建立新政府，這些理想就可實現。說難，並不難，
只要大家多推銷就行！

貨比貨，貨要好，在此拋磚引玉，希望就教高手，取得
共識，大家共同再次來完成寧靜革命。

國家圖書館出版品預行編目 (CIP) 資料

起造台灣政府芻議 / 李界木著 .– 初版 .– 臺北市：
前衛出版社, 2021.11
　　面；　公分
　ISBN 978-957-801-990-4( 平裝 )

1. 臺灣政治 2. 政治制度

574.33　　　　　　　　　　　110016950

# 起造台灣政府芻議

作　　　者　李界木
責任編輯　Ching
美術編輯　Nico Chang
封面設計　李偉涵

出 版 者　前衛出版社
　　　　　地　　　址｜10468台北市中山區農安街153 號4 樓之3
　　　　　電　　　話｜02-25865708
　　　　　傳　　　真｜02-25863758
　　　　　郵撥帳號｜05625551
　　　　　業務信箱｜a4791@ms15.hinet.net
　　　　　投稿信箱｜avanguardbook@gmail.com
　　　　　官方網站｜http://www.avanguard.com.tw

出版總監　林文欽
法律顧問　陽光百合律師事務所
總 經 銷　紅螞蟻圖書有限公司
　　　　　地　　　址｜11494台北市內湖區舊宗路二段121 巷19 號
　　　　　電　　　話｜02-27953656
　　　　　傳　　　真｜02-27954100

出版日期　2021年11月初版一刷
定　　　價　新台幣300元

©Avanguard Publishing House 2021
Printed in Taiwan　ISBN 978-957-801-990-4